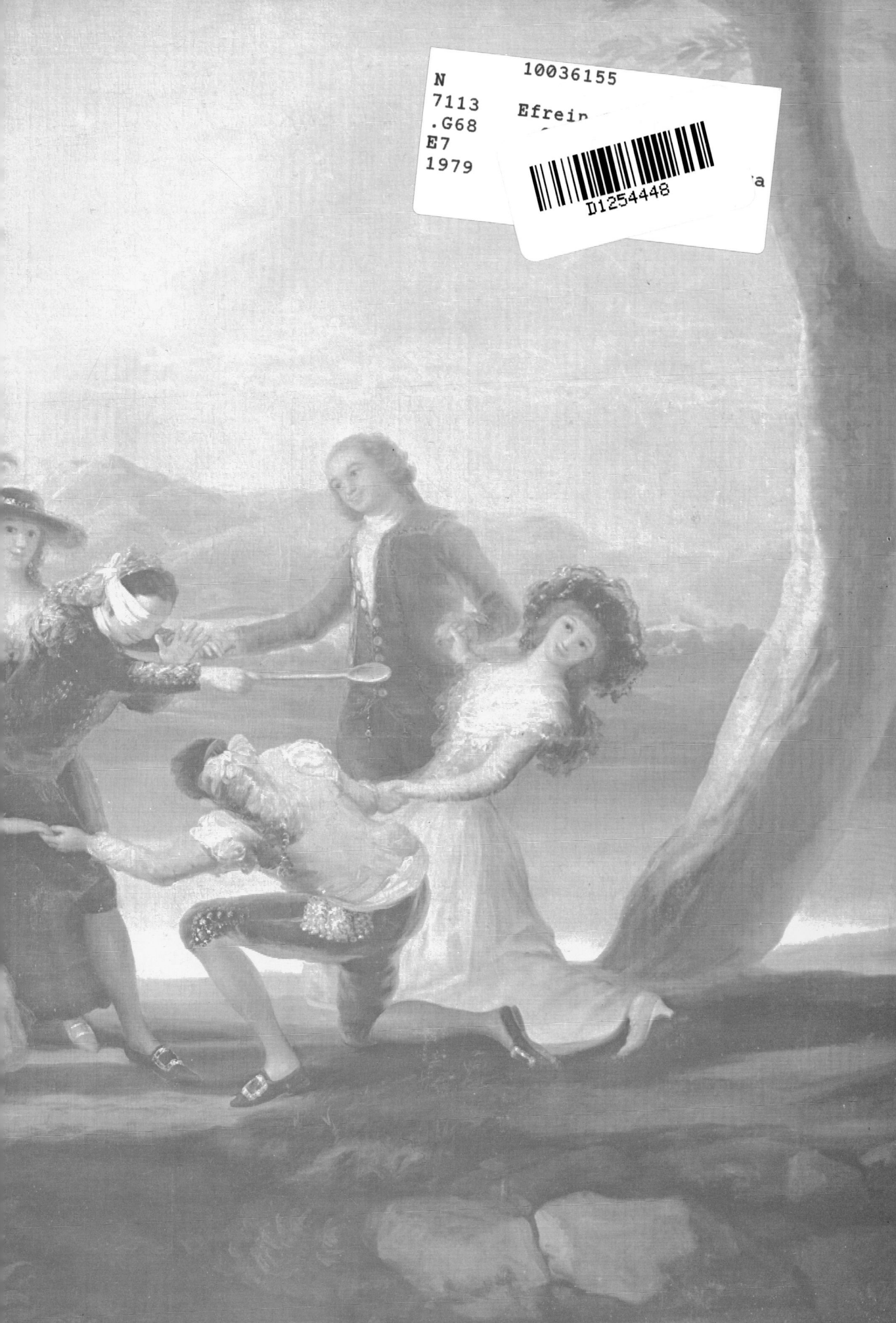

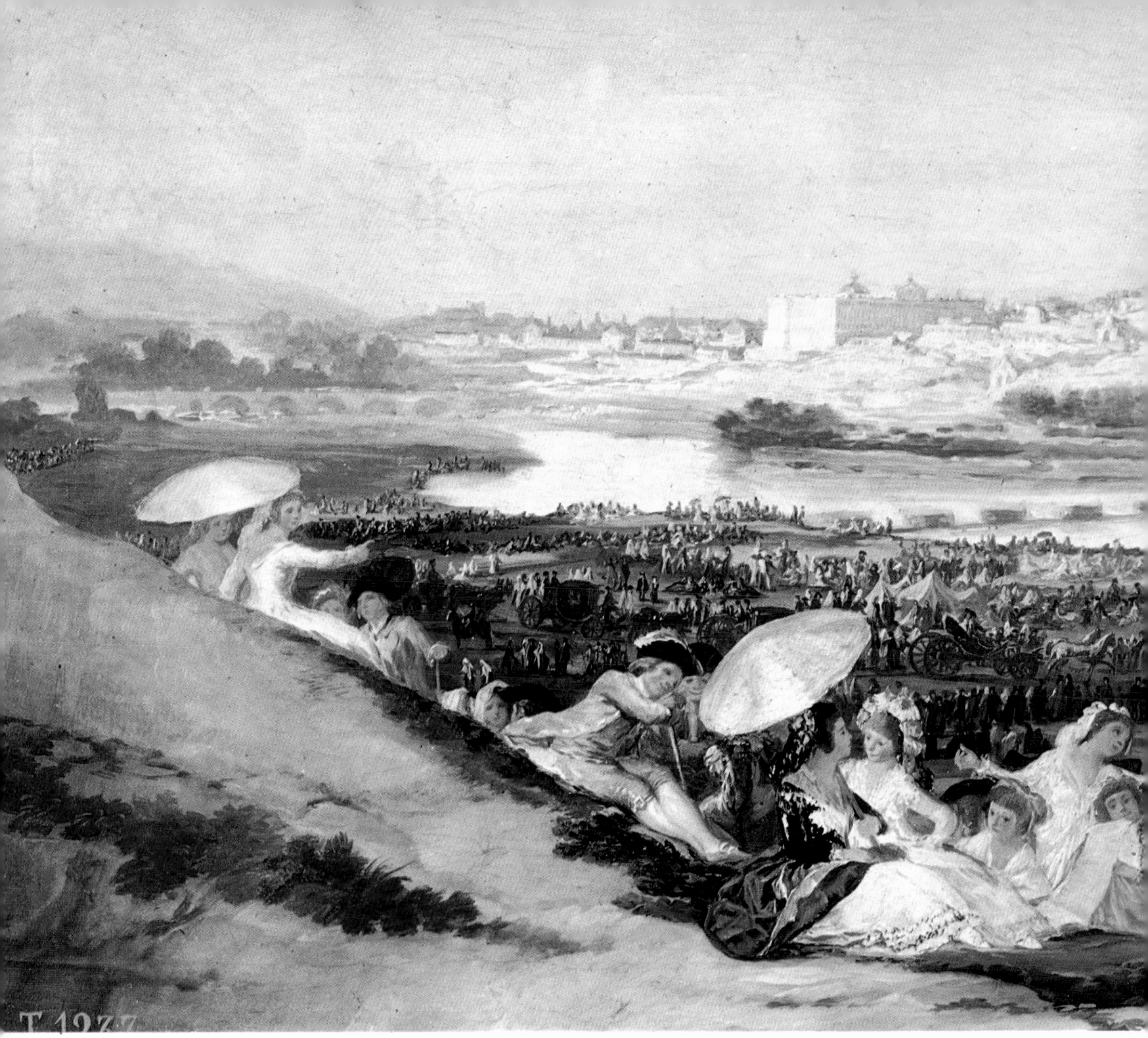

colección
grandes
hombres

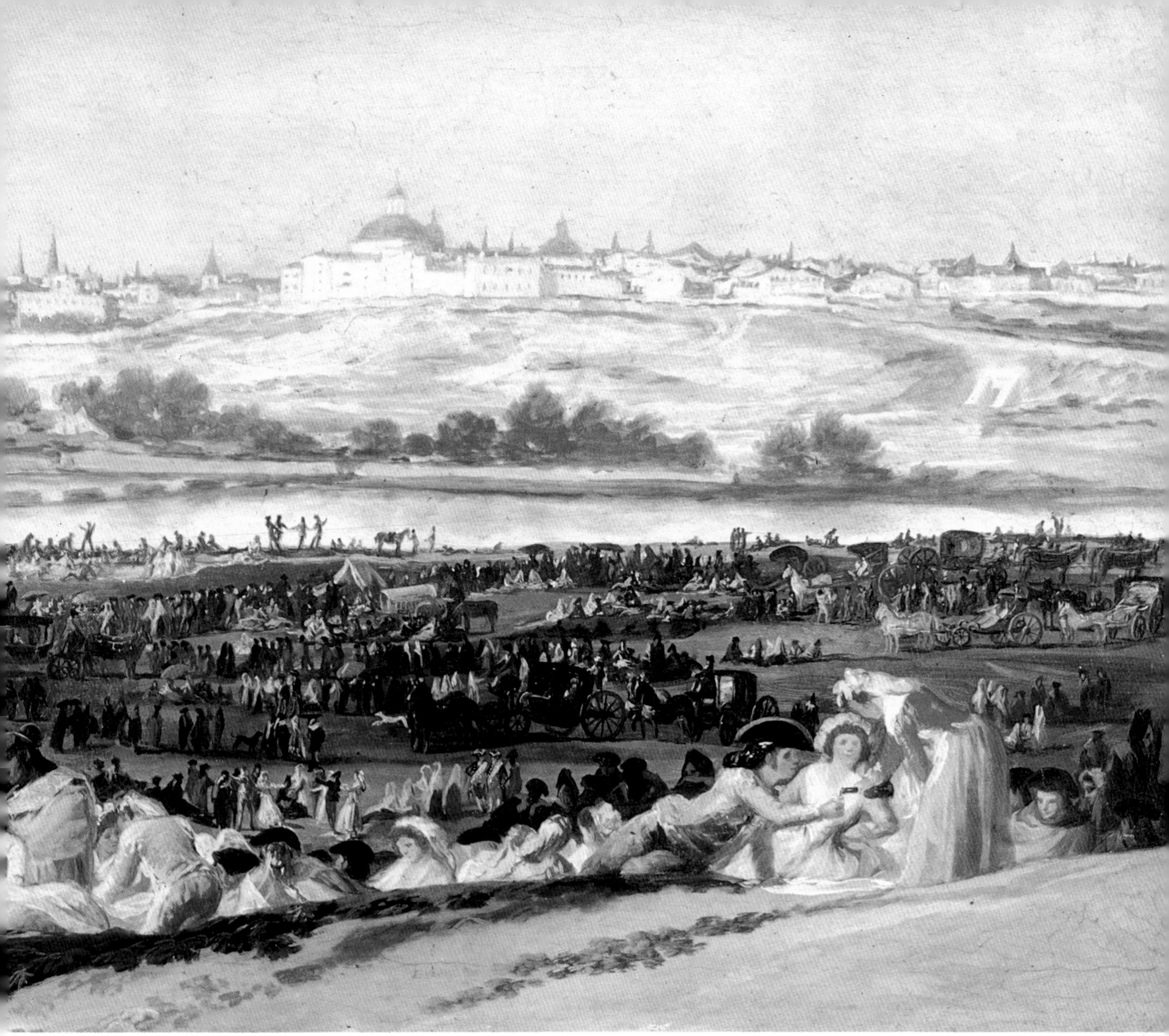

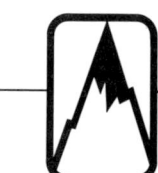

# BIOGRAFIA
## DE
## GOYA

## EDITORIAL EVEREST, S. A.

MADRID • LEON • SEVILLA • GRANADA
VALENCIA • ZARAGOZA • BARCELONA • BILBAO
LAS PALMAS DE GRAN CANARIA • LA CORUÑA

TEXTOS:
*Efrén Quintanilla Sainz*

FOTOGRAFIAS:
*Oronoz*

SEGUNDA EDICION

© EFREN QUINTANILLA SAINZ
© by EDITORIAL EVEREST
Carretera León-Astorga, Km. 4,500 - LEON (España)
Depósito legal LE-499    1979
ISBN - 84 - 241 - 5416 - 9

EVERGRAFICAS, S. A. — Carretera León-Coruña, km. 5. — LEON (España)

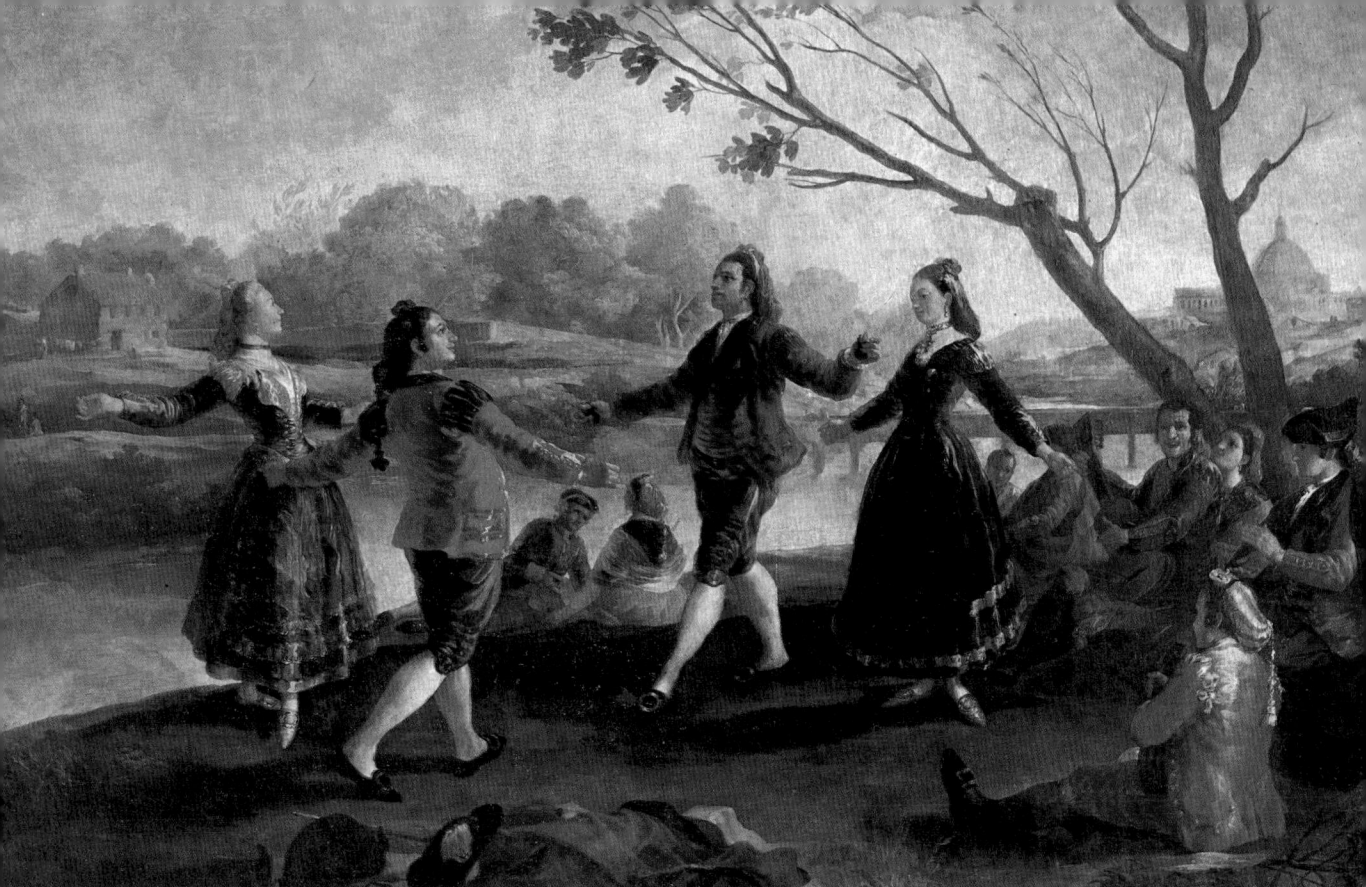

## FUENDETODOS

El paisaje es áspero. La tierra no es muy productiva ni acogedora. El caserío se desperdiga, triste y duro. No es alegre. No da la bienvenida.

El cielo es limpio y azul. La lluvia, escasa. Los campos sueñan con la blanda y tibia humedad, con la lejana caricia del agua del Huerva que pasa, lento y sosegado, unos kilómetros más allá, hacia poniente, por donde el sol se muere a diario en un horizonte rojo.

Es Aragón. Una tierra recia y un cielo esplendoroso para unos hombres fuertes y rudos, llenos de nobleza y de alegre vitalidad.

En esta tierra y bajo este cielo, un día de la primavera del año de 1746, nació Francisco de Goya y Lucientes. Los árboles estrenaban sus primeras hojas. En las matas de las cercas y en los arbustos de los caminos, los zorzales, las currucas, los pardos y humildes gorriones, habían hecho ya sus pequeños nidos.

En este pueblo aragonés de Fuendetodos, van pasando los años felices y despreocupados de Francisco de Goya. Todo alrededor es duro y está cargado de fuerza, de aspereza, de verdad, de un sentido recio y vigoroso de la existencia. Esta circunstancia del paisaje y de las cosas, esta manera de ser del grupo

humano en el que va creciendo
Goya, condicionan, poco a
poco, día a día, su personalidad.
Estos años de la infancia le
marcarán para mientras viva.
Será siempre un puro aragonés,
un hombre claro y vertical,
espontáneo y sincero, terco y
tenaz, un espíritu rebelde y
rectilíneo. Llamará a las cosas
por su nombre, sin pensar en
las consecuencias. Será sincero
hasta en la expresión artística
de sus sueños y de sus intimi-
dades. Pintará lo que vea, sea
bueno o malo, hermoso o re-
pulsivo, pertenezca al último
ser de la escala social o a las
altas figuras de los grandes de
la tierra. Será capaz de decir-
nos, si los ve, el señorío y la
nobleza de un hombre del pueblo, de un niño o de una pobre
mujer; también la anormalidad,
la bajeza o la estupidez de un
monarca o de una reina.

Su pintura, como su vida,
no tendrá trampa ni cartón,
no servirá de halago ni de adu-
lación para nadie. Tendrá siempre la brutal sinceridad del que
siente imperiosamente en el
fondo de todo su ser la necesidad incontenible de decir su
verdad, porque piensa que la
verdad es como una estrella
luminosa en la vida de los
hombres, su valor más noble
y más hermoso; también su
meta más difícil y peligrosa;
por eso, inalcanzable para muchos.

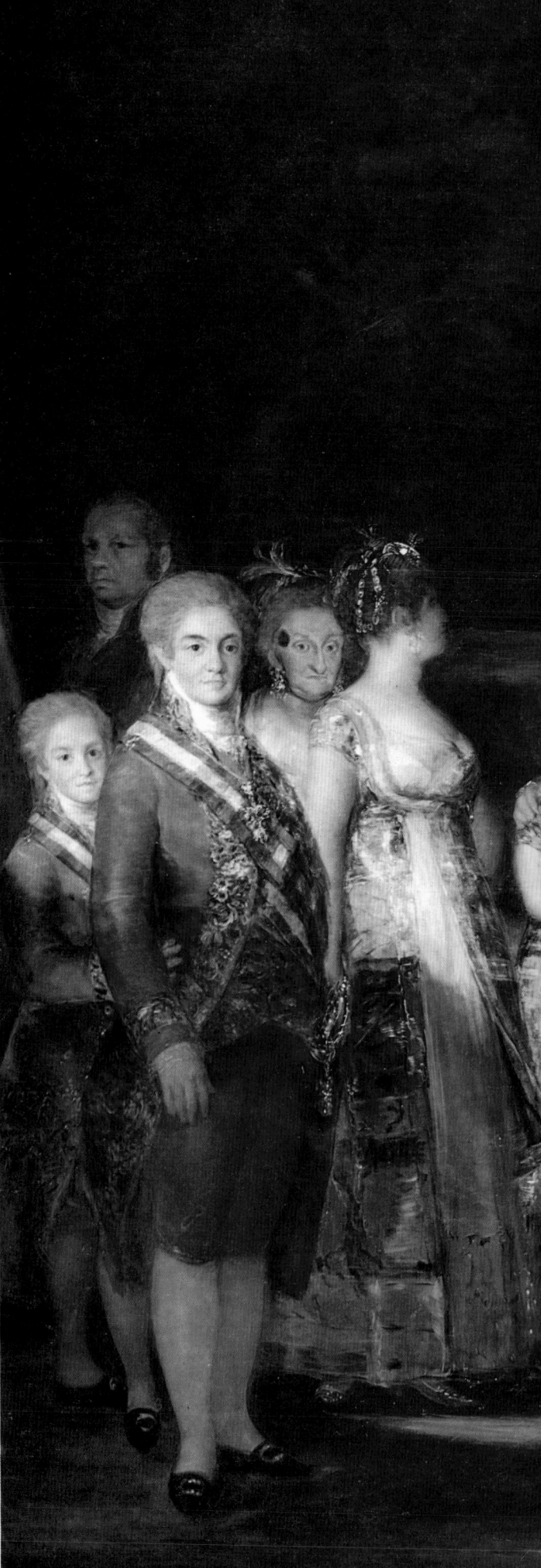

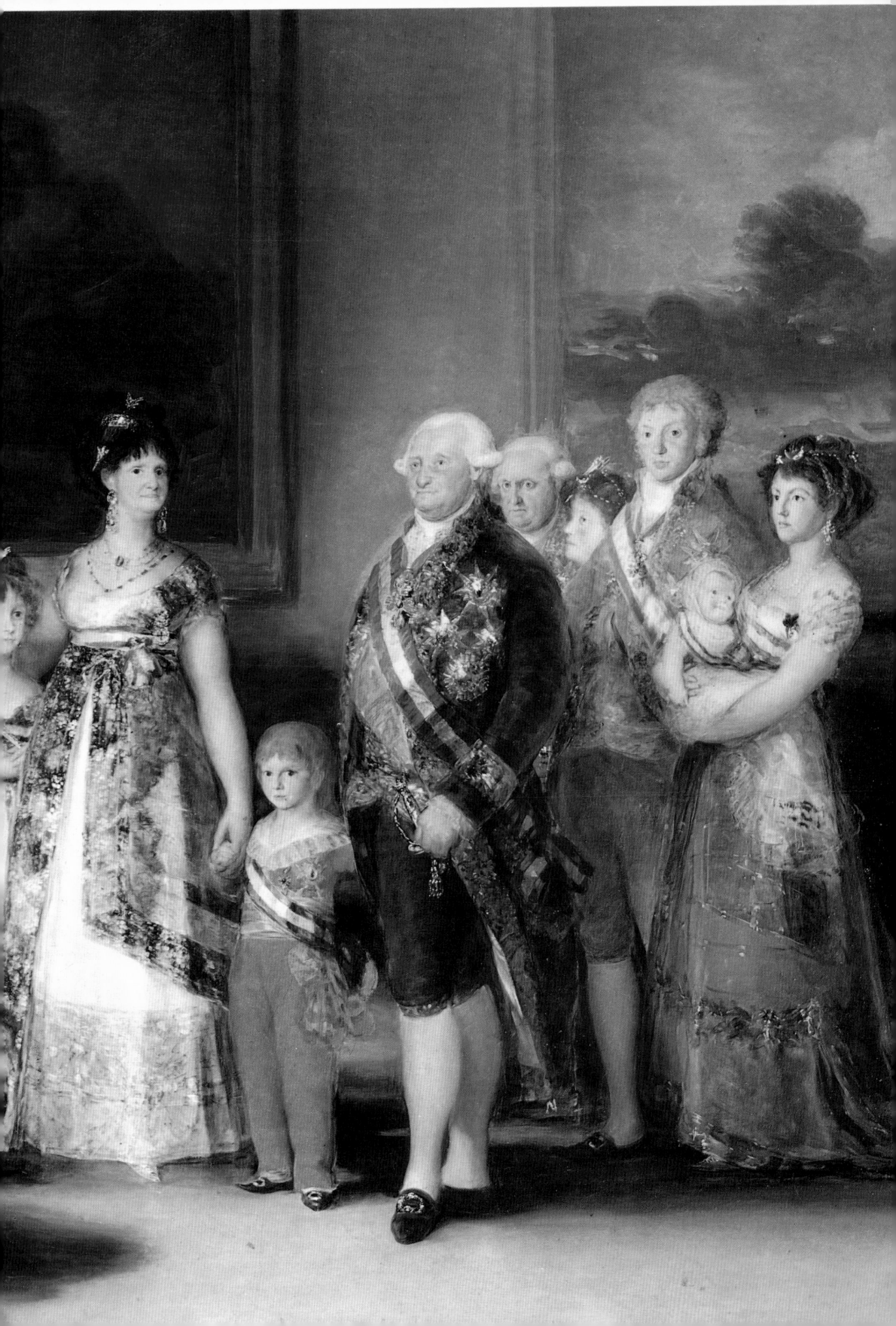

El padre de Goya era dorador; un oficio cercano al arte y en relación con él. Acaso por eso empezara a despertarse en el muchacho la afición al dibujo. Muchos años después, aún recordaban las gentes del lugar a aquel niño que se pasaba el tiempo dibujando donde podía y que había pintado sus primeras obras en la iglesia del pueblo.

En las Escuelas Pías de Zaragoza, inicia Goya su educación. Muchas veces se acordaría de la absoluta libertad de Fuendetodos, de sus campos interminables y de sus aventuras de niño inquieto y travieso...

Desde los trece años estudia dibujo en la Academia de Zaragoza. Es su maestro José Luzán, un pintor académico, lleno de normas y de seriedad; de todas las normas y de toda la seriedad del siglo XVIII, un siglo frío y calculador, de reglas y de métodos, de academias y de disciplina, de pelucas empolvadas y de falta de imaginación.

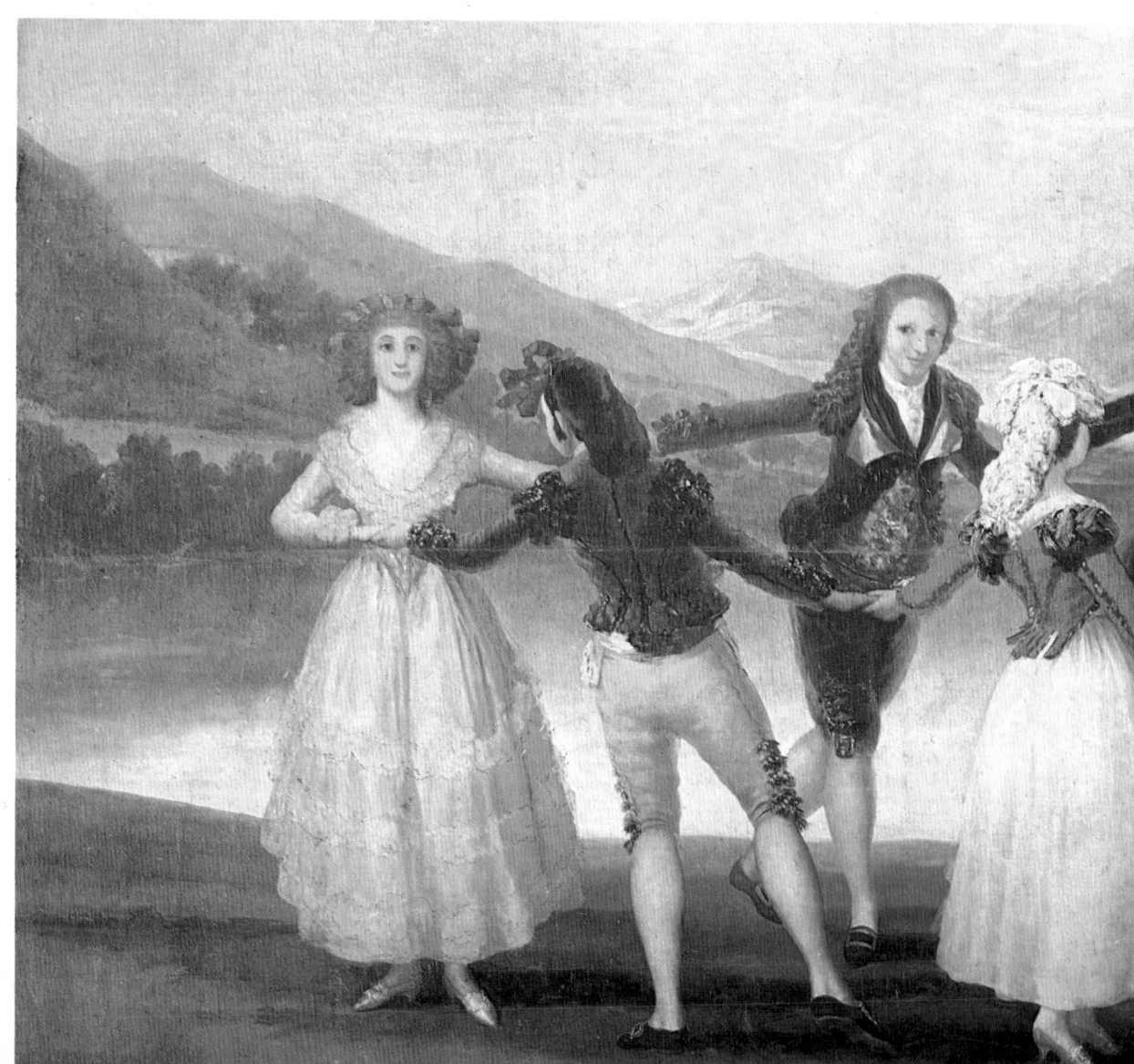

En la Academia de Zaragoza, el muchacho aprende la técnica del dibujo y de la pintura, desentraña el pequeño milagro de las mezclas de colores, valora la importancia de la composición, va adentrándose en ese mundo mágico del arte del que ya no saldrá más hasta que acabe su vida.

Pero la Academia de Zaragoza y el magisterio de José Luzán son cauces muy estrechos para el torrente incontenible que es ya Francisco de Goya. El estilo de la época y la rigidez artística de sus maestros no pueden con la personalidad y el genio del discípulo que se despega de su influencia, los desborda, los supera y los pierde. Francisco de Goya empieza a caminar ya, sin descanso ni retroceso, hacia una meta suprema en el arte de la Humanidad: el pequeño grupo de seres extraordinarios que quedarán para siempre como norte y modelo, como cota más alta en el esfuerzo y en la categoría.

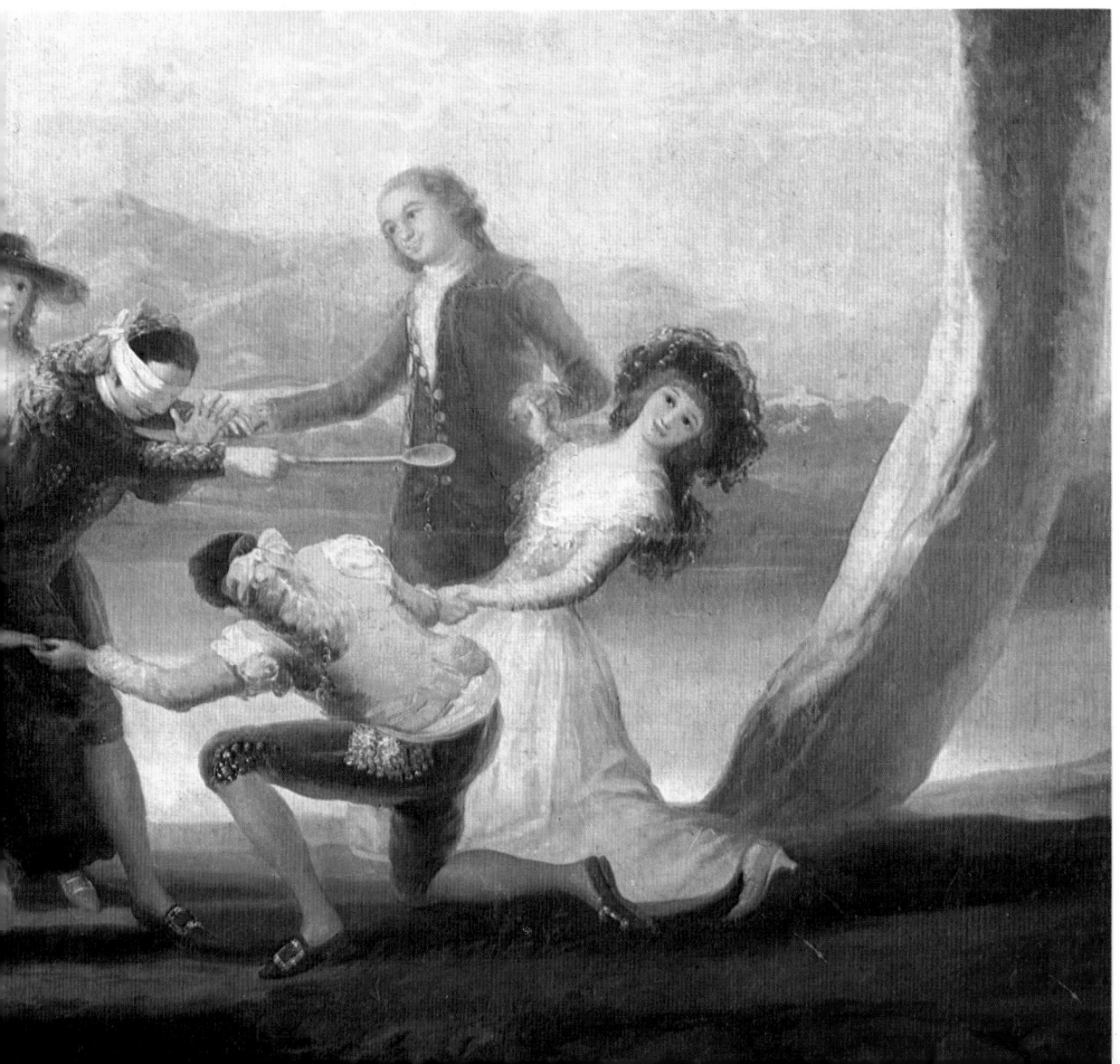

Para un artista, Roma es una ciudad definitiva. Es una Meca a la que es necesario peregrinar. Muy joven aún, Francisco de Goya consigue ir a la Ciudad Eterna. Llega a ella con los ojos muy abiertos, con un ansia inagotable de aprender, de captar toda la belleza que encierra en sus innumerables monumentos, en sus museos y en sus calles, en el ambiente todo de la gran urbe.

En Roma, se encuentra a gusto. Dibuja y pinta sin descanso. Completa su formación. Se relaciona con artistas, contrastando sus ideas sobre la pintura y sobre la vida, y se aleja definitivamente de muchos de los conceptos limitados y estrechos que los años pasados en su aislada y pequeña ciudad habían ido formando en su espíritu.

Goya va madurando intelectualmente y va captando ideas y principios universales, amplios, de ser superior. Se va afirmando sólidamente su personalidad y pierde por completo aquel aire un tanto rural que aún le quedaba y aquella manera de hacer su pintura, influida por las reglas y los preceptos abrumadores de la abrumadora academia de José Luzán.

Al regresar de Italia, su personalidad ha madurado. Comprende que su meta ha de estar en Madrid, en la capital del reino, un reino que bulle y se inquieta por conseguir que la cultura, el arte, las obras públicas, alcancen el mayor desarrollo posible.

Hace varios años que Carlos III ocupa el trono de España. Es un rey laborioso, culto y eficaz, con ideas amplias y deseos de mejorar al país por su base, olvidándose de las fantasías, de los sueños y de las manías de grandeza. Posee la mejor de las cualidades del buen gobernante: la habilidad para encontrar los hombres mejores, los más aptos, los más apropiados para la difícil y complicada tarea de dirigir un estado.

Carlos III ha llegado a España cuando ya es un hombre maduro, una vez conseguida la experiencia y el oficio de reinar.

Durante más de 20 años, ha sido soberano de Nápoles y ha sabido analizar un país, pulsar su vida y sus problemas, vencer las dificultades, conocer a los hombres, valorar lo que tiene peso y razón y desechar el humo, lo vacío, lo huero, lo que es sólo fuego de artificio, oropel engañoso, apariencia de verdad.

Ha gobernado un país lo suficientemente pequeño para conocerlo con detalle y con amor, un país que ha tenido en la palma de la mano y que ha sido para él como una planta piloto, una

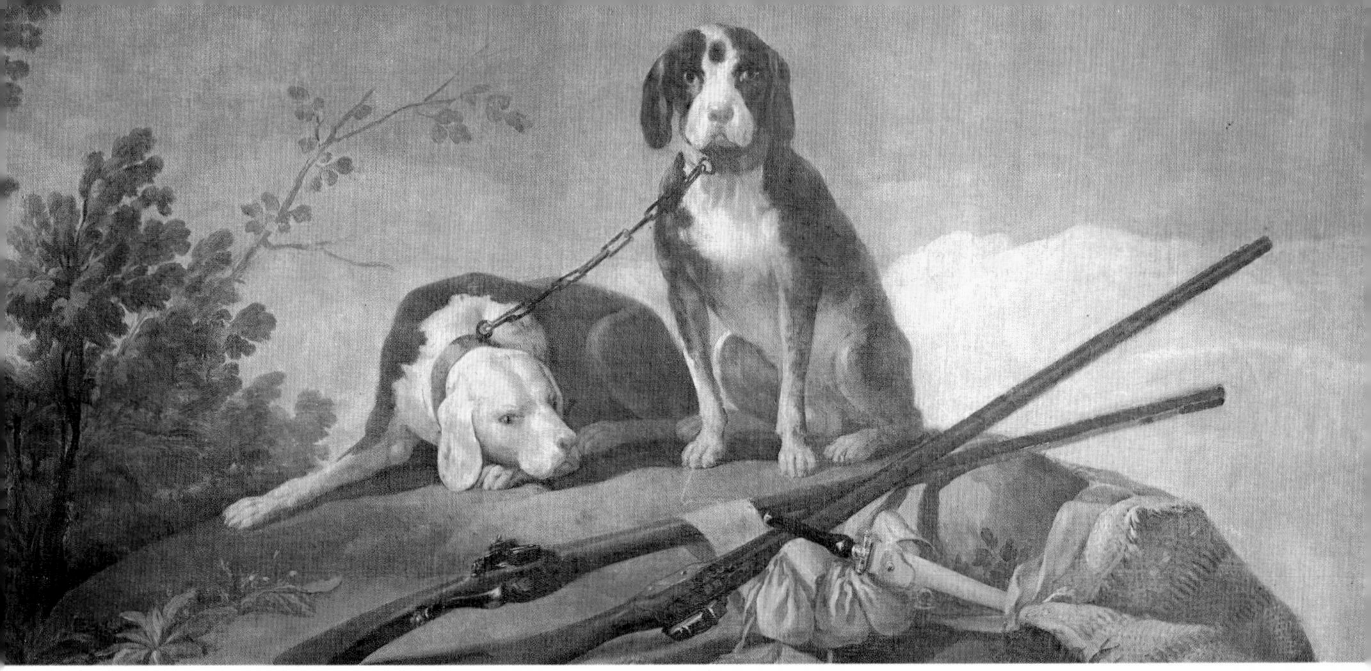

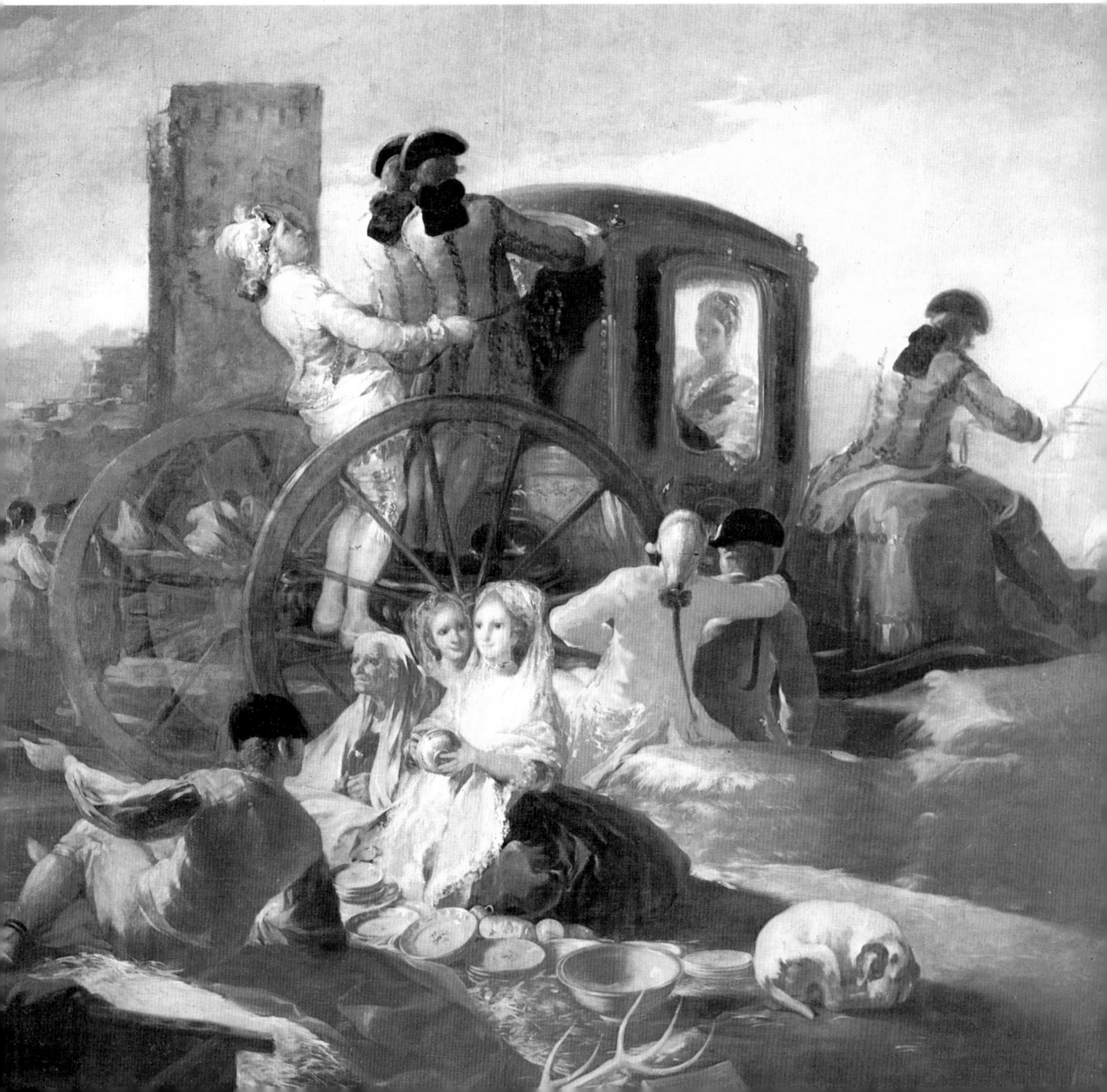

experiencia en pequeña escala, para trasladarla después a un mundo complejo, difícil, inmenso, desperdigado por todos los mares de la tierra, lleno de problemas de dentro y de fuera.

Nápoles ha sido para Carlos III un aprendizaje, poco más que un juego de niños. España y su vasto imperio son ya un destino peligroso para hombres que necesitan ser muy cabales, un toro negro y difícil al que lidiar sin remedio en un ruedo que no tiene escape ni burladeros.

Cuando Francisco de Goya llega a Madrid, la obra y la influencia del buen rey Carlos III están en su apogeo. Ha sabido rodearse de hombres eficaces y ha conseguido que la nación entera se contagie de sus deseos de renovación, de su ansia de mejora, de su incansable afán porque la vida del país sea más cómoda, más fácil, más organizada, más limpia, más feliz.

Ha querido que España se olvide un poco de tanta aventura, de tanta teoría y de tantas imaginaciones. Ha creído necesario recortar la inquietud y la vanagloria, móviles de un pueblo al que cuesta mucho trabajo sujetarse a la realidad, porque tiene continuamente la tentación de encomendarlo todo a la fantasía, a la improvisación, a lo inconcreto.

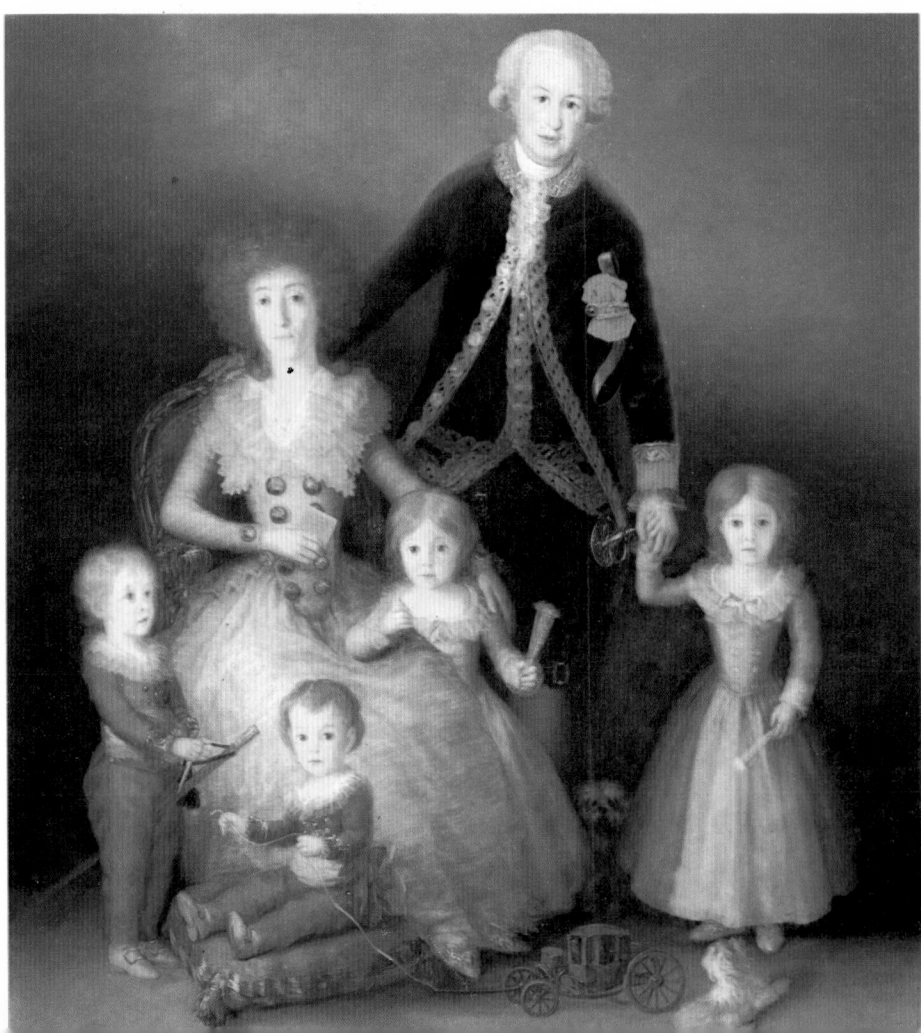

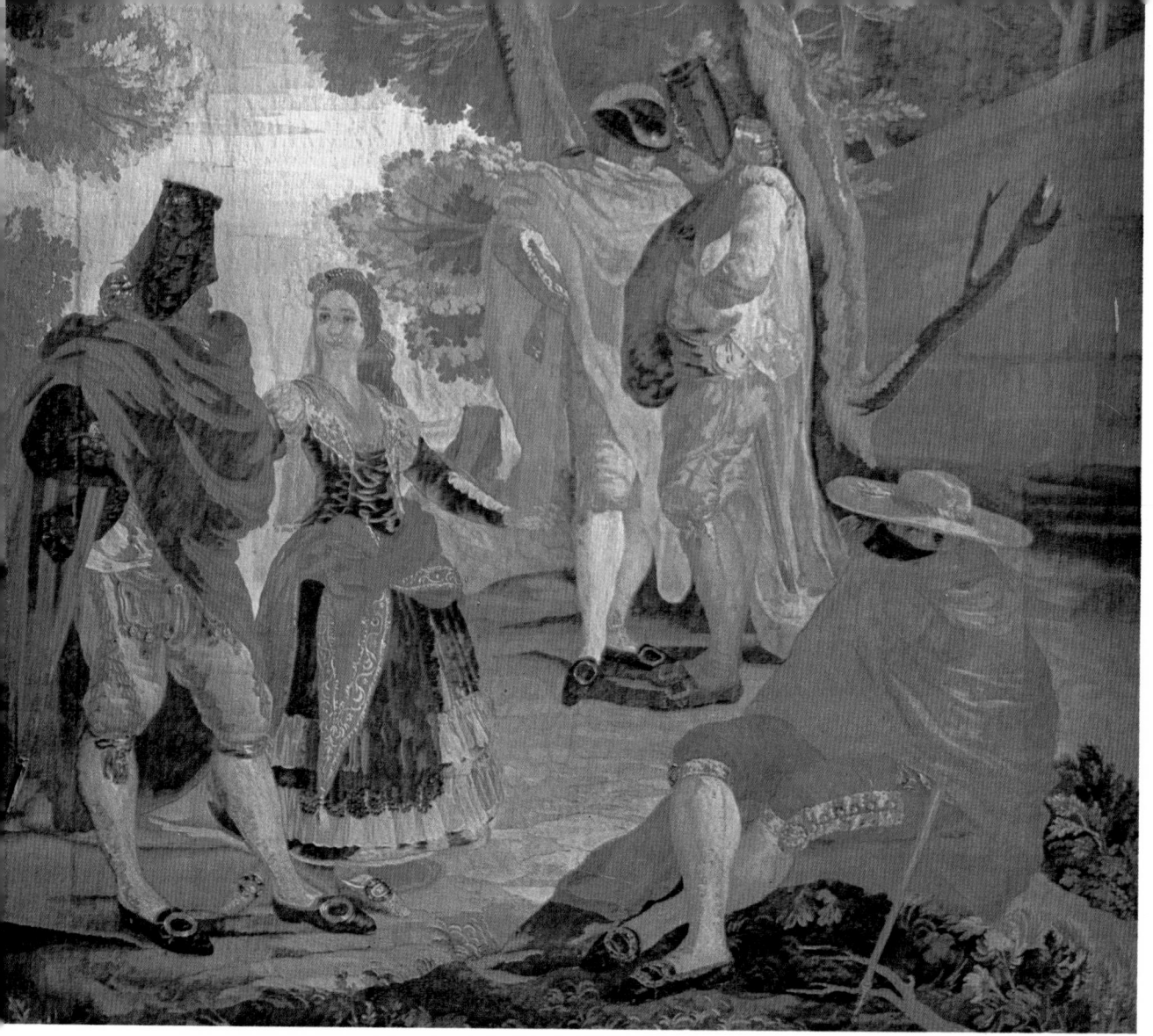

Carlos III ha conseguido convencer a muchos de que el buen gobierno está en la fuente que proporciona agua sana, en el faro que da seguridad a la navegación, en el camino que permite el comercio y la relación entre los pueblos, en la escuela que da cultura y saber a los hombres, para elevarlos y hacerlos libres, en el hospital que los acoge en la adversidad y en el dolor...

Goya entra plenamente en la vida de Madrid, en sus tertulias, en sus grupos artísticos, en las reuniones casi íntimas en que se habla de pintura y de teatro, donde se representan cuadros de costumbres de Ramón de la Cruz y se lee, un tanto a escondidas, la Enciclopedia Francesa.

Profesionalmente, Goya trabaja sin descanso en la Real Fábrica de Tapices. Primero se ha sentido reacio a esta labor, que le parece de segundo orden, que le enfada un poco hasta llegar a decir que se niega a que sus dibujos sean pisados por la gente. Pero el rey está empeñado en que de la Real Fábrica salgan obras famosas.

El pintor de Bohemia, Mengs, dirige los trabajos y selecciona a los artistas. Bajo su dirección van saliendo de los talleres verdaderas maravillas que llenarán de colorido y de alegría las nobles casonas y los palacios, hasta entonces sombríos y tristes.

Por fin, Goya se vuelca de lleno en su labor y, sobre todo en los años que van de 1775 a 1791, pinta infinidad de cartones: «La merienda», «El quitasol», «El columpio»..., que servirán de modelo para los más famosos tapices de la época.

En todas estas obras brillan la riqueza de colorido, la gran naturalidad en la composición, la expresividad de los personajes, la fuerza y el vigor de las escenas.

Los temas de ellos son fundamentalmente populares, del momento en que vive y de los tipos que contempla todos los días. Hay muchos, como «La gallina ciega», «El cacharrero», «La novillada», «El choricero»..., que han quedado para siempre como obras clásicas de una época muy importante en el género. Con ellas, las paredes frías, inmensas, de los palacios, cobran vida, se enriquecen con un aire alegre y popular, lleno de colorido y de movimiento. Son como un valioso y optimista pregón de una época amable, despreocupada y ligera, en la que los hombres se adornaban con cuidadas pelucas, con vistosas y brillantes casacas, con lazos y encajes; y las mujeres, llenas de sedas y de primor, de joyas y de abanicos, triunfaban con gracia y belleza en los bailes ceremoniosos de la Corte, en las fiestas campestres, en las reuniones cultas, donde la música y la poesía ponían sus dedos mágicos sobre las personas y sobre las cosas, sobre el ambiente todo que rodeaba a una sociedad en paz, en progreso constante, sin grandes problemas ni grandes quebraderos de cabeza.

De esta misma época son los cartones de las Estaciones y los retratos de Van Gotten y de Floridablanca, de Carlos III cazador, de la Duquesa de Alba, del Marqués de Pontejos...

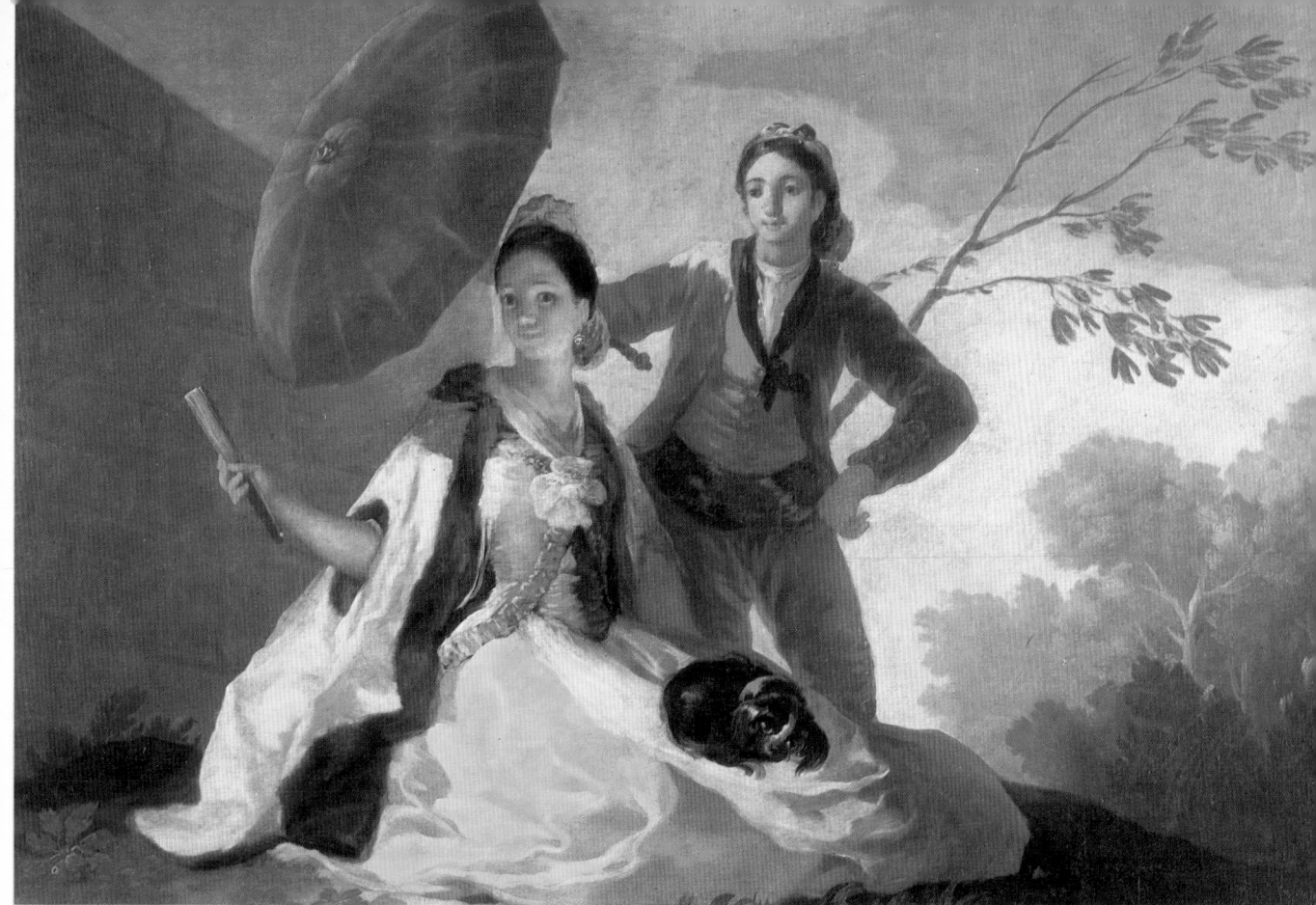

## UN MOMENTO PELIGROSO EN LA VIDA ARTISTICA DE GOYA

La situación económica y social de Goya ha ido poco a poco haciéndose firme y segura. Es ya un artista importante. Su nombre suena en la Corte. Numerosas damas se disputan el privilegio de servirle de modelo.

Goya, a cada día que pasa, va notando cómo crecen su fama y su prestigio.

También llegan el amor y el matrimonio y, con ellos, la plenitud en su existencia. Josefa Bayeu, hermana del pintor Francisco Bayeu, es la elegida de Goya. Hay en el matrimonio una mezcla de cariño, de conveniencia y también de comodidad. Josefa está cerca y es la hermana de un compañero de arte y de trabajo. Bayeu es un hombre bien situado. Es un pintor mediocre, amanerado y sin porvenir, pero conoce el oficio y sabe sacar un gran partido de él, tanto en el dinero como en el medio social en que vive. Llega hasta la presidencia de la Academia de San Fernando. Es un hombre importante.

Los años finales del reinado de Carlos III y los iniciales del

17

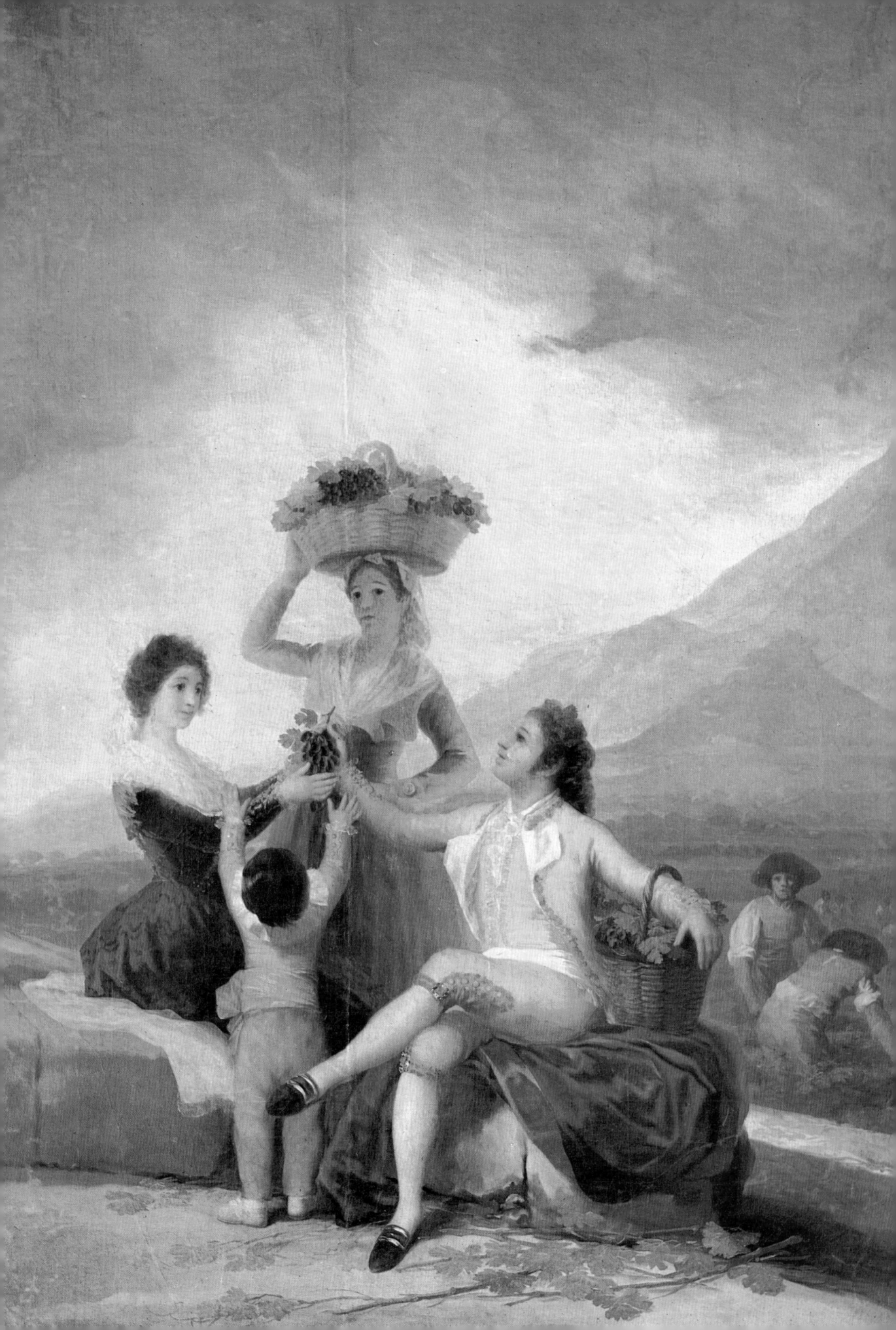

de Carlos IV suponen para Goya una época de tranquilidad, de asentamiento en la vida y en la pintura, de plenitud en la manera de trabajar. Es su primera época. Pero son también un momento muy peligroso para su arte.

Si Goya se hubiera quedado en esa etapa pictórica, no habría llegado a ser nunca una de las primeras figuras mundiales. Hubiera sido tan sólo un pintor de corte, un tanto amanerado y complaciente, con buen oficio dentro del arte decadente de finales del siglo XVIII, con una pintura sin problemas, fácil y agradable, agradecida, de alegre colorido, de armoniosa y dulce composición, de soluciones amables y sin compromiso.

Pero su vida va a cambiar. La enfermedad y la guerra van a dar una vuelta entera de timón a su existencia y le van a hacer seguir un rumbo distinto y opuesto al que llevaba.

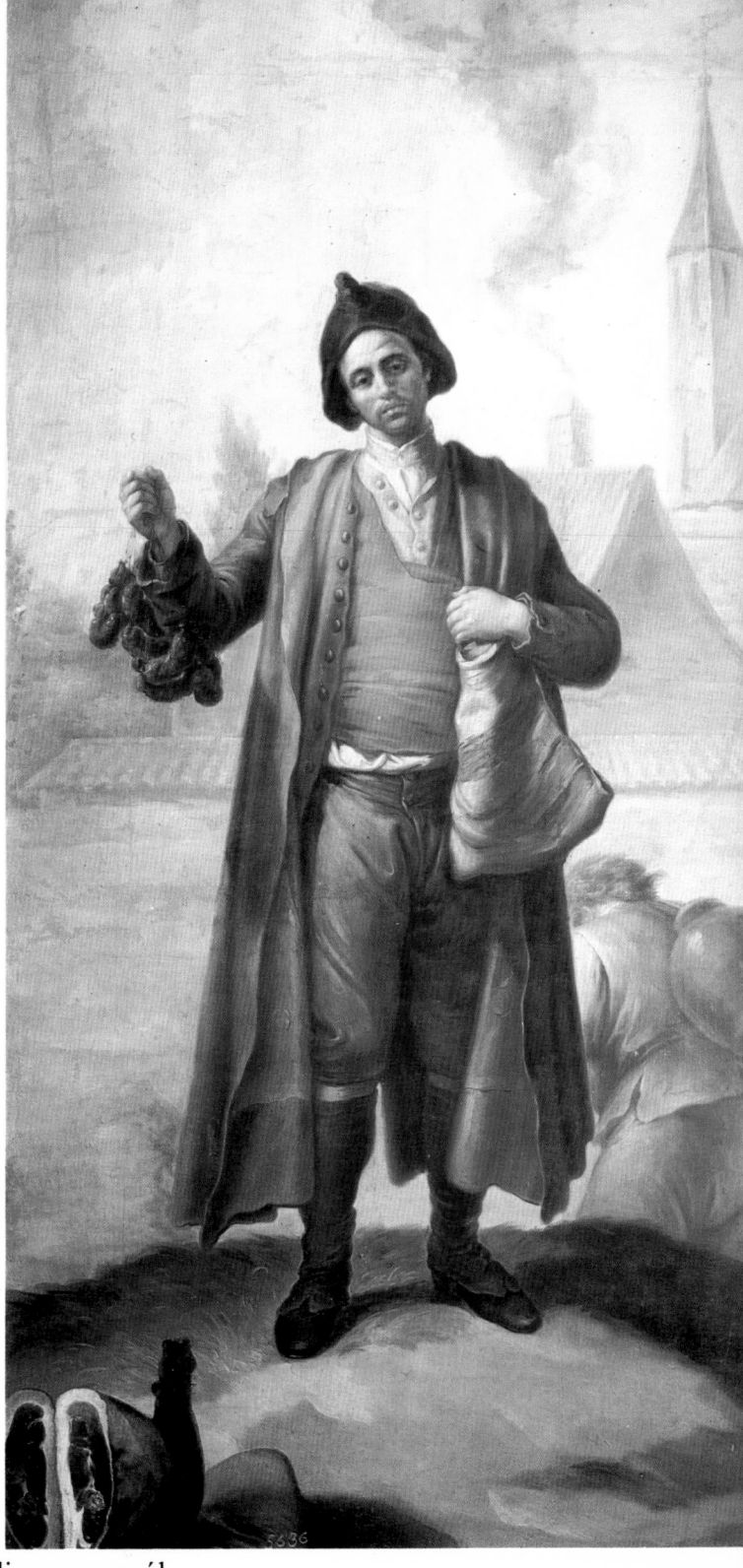

Todo se va a complicar para él.

Una época entera, con sus modos y su mentalidad, va a saltar hecha pedazos. Los atardeceres amables de sus tapices se van a teñir de sombras primero, de humos y de tinieblas después. Las dulces sonrisas de las damas, sus suaves y cadenciosos movimientos, los juegos bobalicones y cursis de los salones y de las giras campestres, están a punto de terminar trágicamente. Las pelucas empolvadas, los lazos de seda y las casacas bordadas van a salpicarse, con tremenda violencia, de sangre y de lodo, se van a chamuscar con la pólvora y las hogueras...

## LA HORA DE LA PRUEBA

Hay seres con una capacidad de adaptación a las circunstancias y una fuerza para superar los inconvenientes, las dificultades y las desgracias, que parecen poseer un talismán capaz de convertir en bueno lo malo y lo negativo.

Cuando, en 1792, después de una enfermedad, Goya se queda sordo, una gran conmoción se produce en su vida. Es como si se encerrara en sí mismo, como si el forzado aislamiento le borrara de pronto el colorido, la alegría, los suaves contornos del mundo exterior en que vive.

Entonces, empieza a producirse un cambio total en su manera de ser. Se vuelve taciturno, desconfiado, irascible. Pierde su fe en los demás. Mira a quienes le rodean y los ve deformados; no como realmente son, sino como a él se le representan.

Las elegantes y bellas damas se convierten en brujas, en seres repulsivos, capaces de indignidades, de crímenes, de las más inconcebibles desvergüenzas. Los caballeros empolvados y ceremoniosos, llenos de refinamiento y de buenos modales, se vuelven

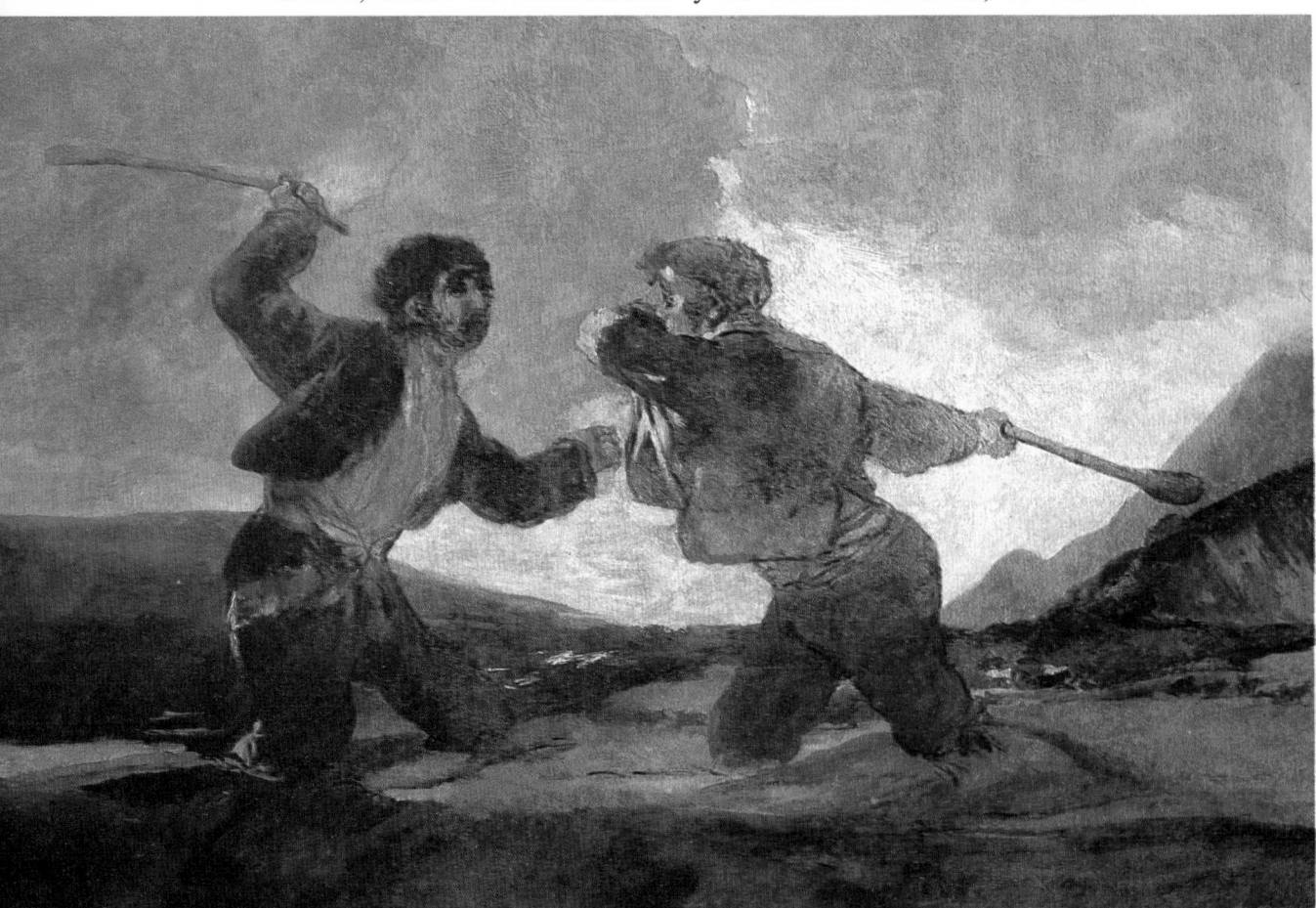

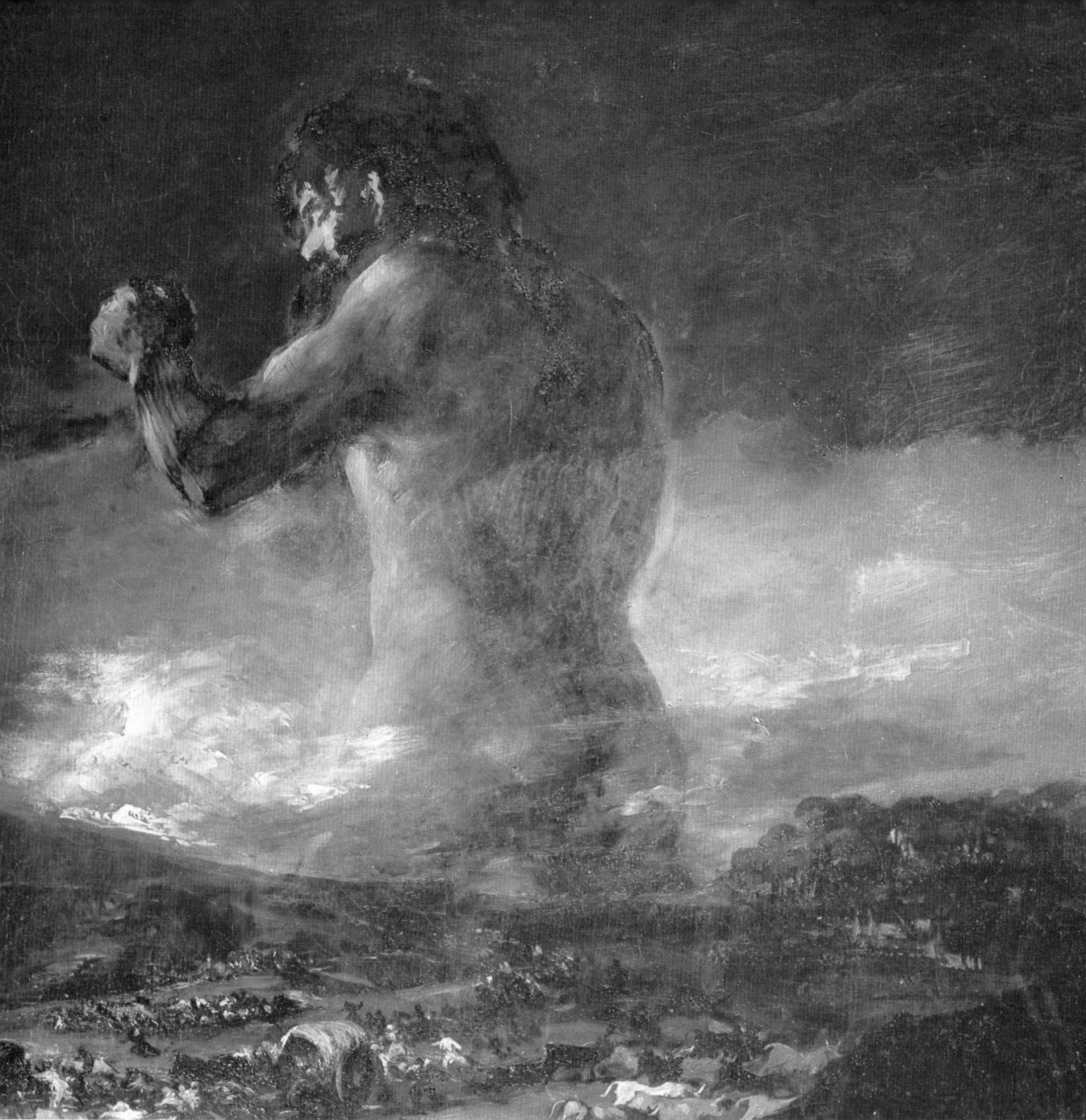

monstruos, aves de rapiña, asnos orejudos y malignos, brutales machos cabríos... Ya no quiere la paleta de alegre colorido y le sobran los pinceles que retrataron un día los suaves tonos del cielo de Madrid y los trajes fastuosos y los hombres importantes con toda su apariencia de bondad y de nobleza.

Ahora trabaja febrilmente en el grabado y en el aguafuerte. Los rasgos se hacen duros, los tonos se empobrecen, los colores huyen, porque le sobran y le irritan, los personajes y las escenas se transforman en algo irreal, frontero al mundo inquieto, deformado, contorsionado, fantástico de los sueños.

21

Como una liberación de su espíritu, van naciendo los «Caprichos», los «Proverbios», los «Disparates»...

Los grabados comienzan a circular clandestinamente por Madrid. Las gentes ven en ellos un grito de revolución, un látigo contra la crueldad y el vicio, un afán de poner al descubierto la miseria interior de una sociedad en decadencia, cargada de hipocresía y de mentira. Goya fustiga de esa manera todo el mal que ha visto a su lado y puebla de monstruos sus obras, porque cree sinceramente que esos seres existen en la realidad y que muchas veces han mordido su vida y sus mismas carnes esas aves malditas, esas bestias de bocas espantables, esas brujas horribles, entre las que algunos pretenden ver a la misma reina María Luisa, intrigante y enredadora, falta de clase y de dignidad.

Así van naciendo las «Escenas de Inquisición» y los «Caprichos», llenos de imaginación desbordada y de sangriento humorismo; también de crueldad y de crítica despiadada y feroz. Con ellos, conseguirá lo más original, el más grande valor personal de su obra, la mayor altura en fuerza expresiva, en imaginación, en sinceridad. Ellos serán un precedente definitivo de la pintura moderna, la iniciación de un camino que romperá las fronteras y las murallas de lo que vemos y tocamos para navegar por el mar sin límites del surrealismo, de la fantasía.

\* \* \*

Han ido pasando los años finales del siglo XVIII, un siglo que se moría de aburrimiento y de normas, de frialdad y de arquitectura.

En Francia, la Revolución ha terminado para siempre con una Corte empalagosa, derrochadora y frívola, imposible de sostener ni de aguantar.

La guillotina ha segado la cabeza del rey Luis XVI. También la de María Antonieta, su mujer. Miles de nobles han subido al patíbulo obligados por el afán de desquite y de justicia del que ahora se llama «pueblo soberano». Se acabaron las pelucas y las sedas, los jardines recortados, los falsos juegos de pastores de pega, de ninfas y de amorcillos traviesos.

Nuevas ideas de libertad y de igualdad galopan por Europa y prenden en intelectuales y en artistas, en poetas y en filósofos. Todo empieza a ser diferente.

Goya, que capta pronto el alcance de las nuevas ideas, se avergüenza, en el fondo de su corazón, de haber formado parte de un mundo caduco y amanerado, sin fuerza ni interés, un mundo que

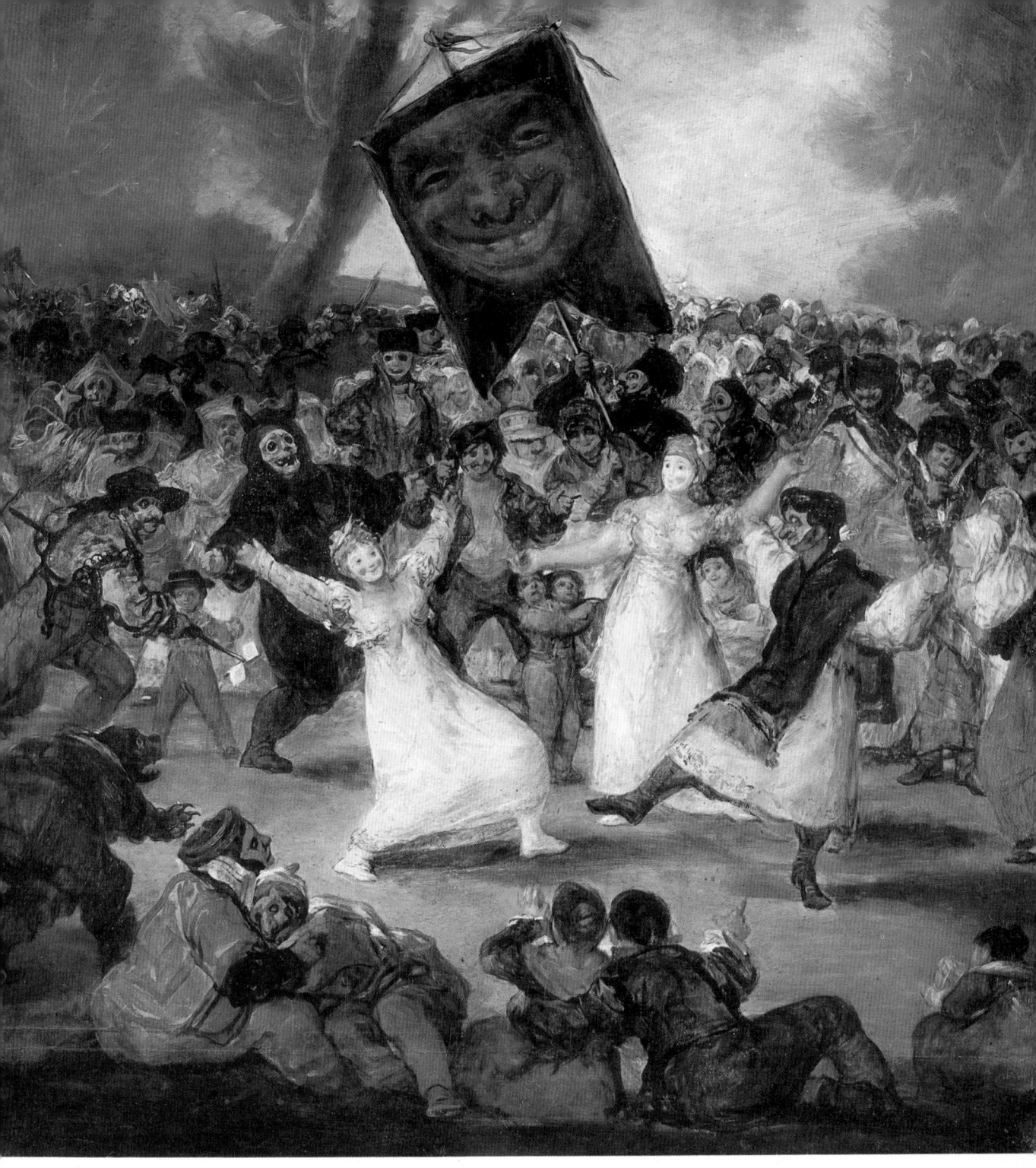

ha vivido en gran parte sólo de apariencias y de oropeles, injusto y vacío, apenas salvado en los años del buen Carlos III por un afán de eficacia en las obras públicas y de paternal bienestar ciudadano.

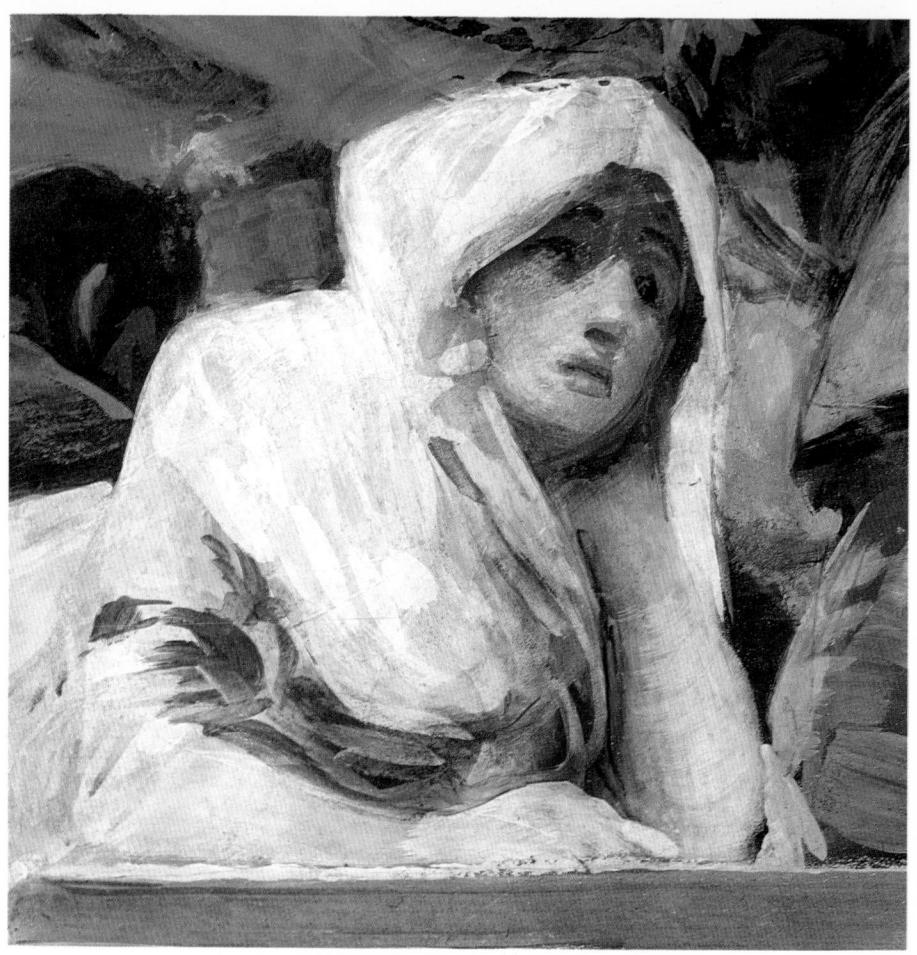

## LA ERMITA DE SAN ANTONIO DE LA FLORIDA

Está terminando el siglo. Es el año de 1798 y el rey Carlos IV quiere que Goya decore la iglesia de San Antonio de la Florida, la popular ermita de la ribera del Manzanares.

Muchos días, al ir a cazar a los montes cercanos, el rey hace un alto en la orilla del río y entra en la iglesia. El lugar es tranquilo y sosegado. Hay grandes árboles y mucha paz en los alrededores del templo.

Carlos IV es un poco simple y elemental. Le agradan sobremanera los trabajos manuales, el ejercicio de la caza, los placeres del campo. De cuando en cuando, también estas cosas de la devoción. Es un buen hombre, sin complicaciones ni sutilezas. Hubiera sido feliz en otro ambiente.

Goya se entusiasma con el proyecto del rey. Esto no es una catedral ni un templo famoso, es, sencillamente, una ermita de pueblo donde la gente va a rezar al santo milagrero, a la vez que se solaza en las praderas próximas, cantando y bailando, jugando a la gallina ciega o al corro, comiendo y bebiendo.

24

Sobre los muros de la iglesia van brotando, llenas de realismo y de vida, las escenas campestres, de romería y de milagro. San Antonio de Padua hace que se levante de su tumba un hombre al que han asesinado. Lo resucita, ante el pasmo del pueblo que contempla la escena, para que salve, con su declaración, al inocente Martín de Boullón, al que han acusado de homicidio.

El pintor, encaramado sobre los andamios, trabaja sin descanso. Se olvida de todo. Tiene prisa por acabar. Al final, el verdadero milagro es la obra de Goya sobre los muros de la ermita de San Antonio de la Florida.

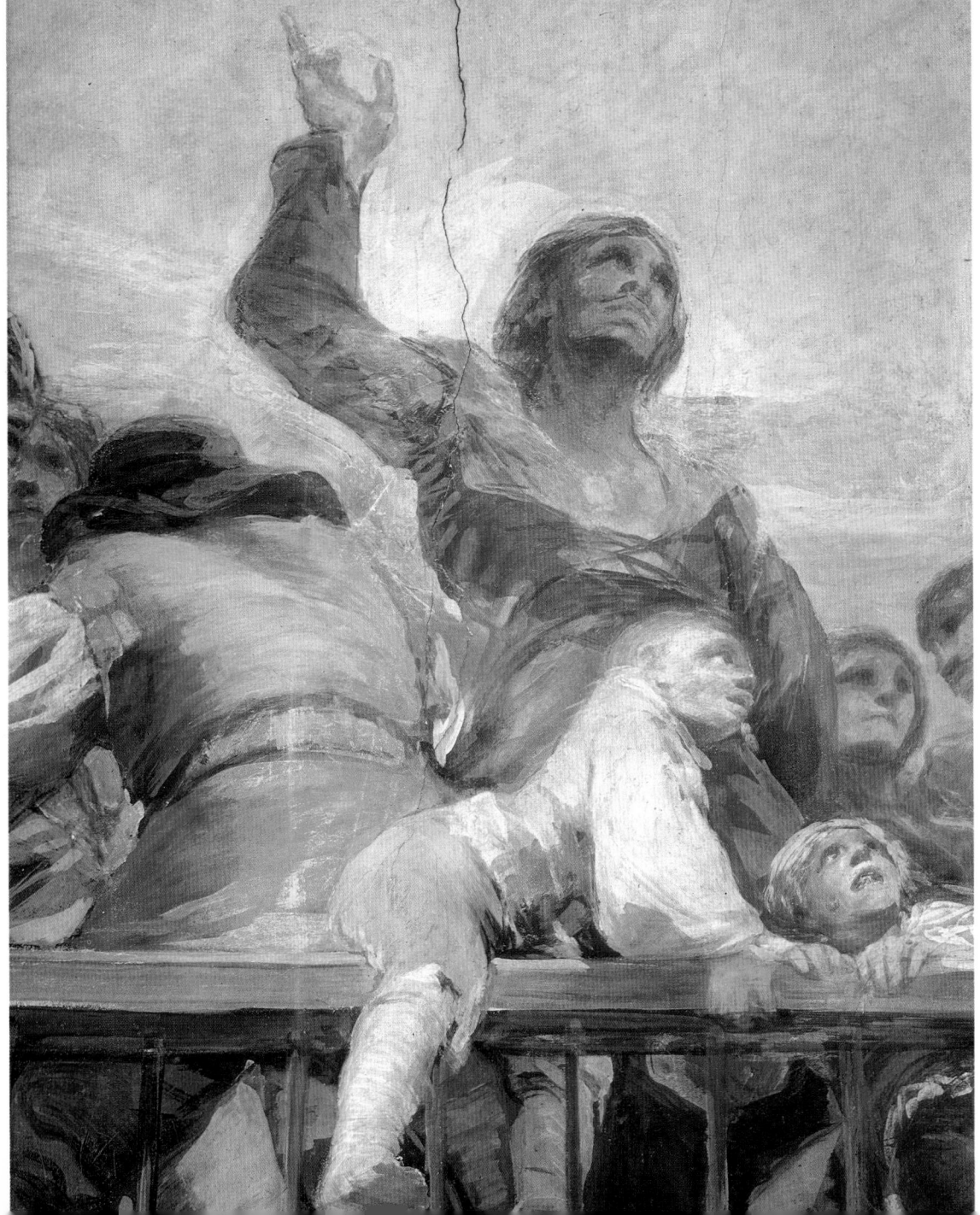

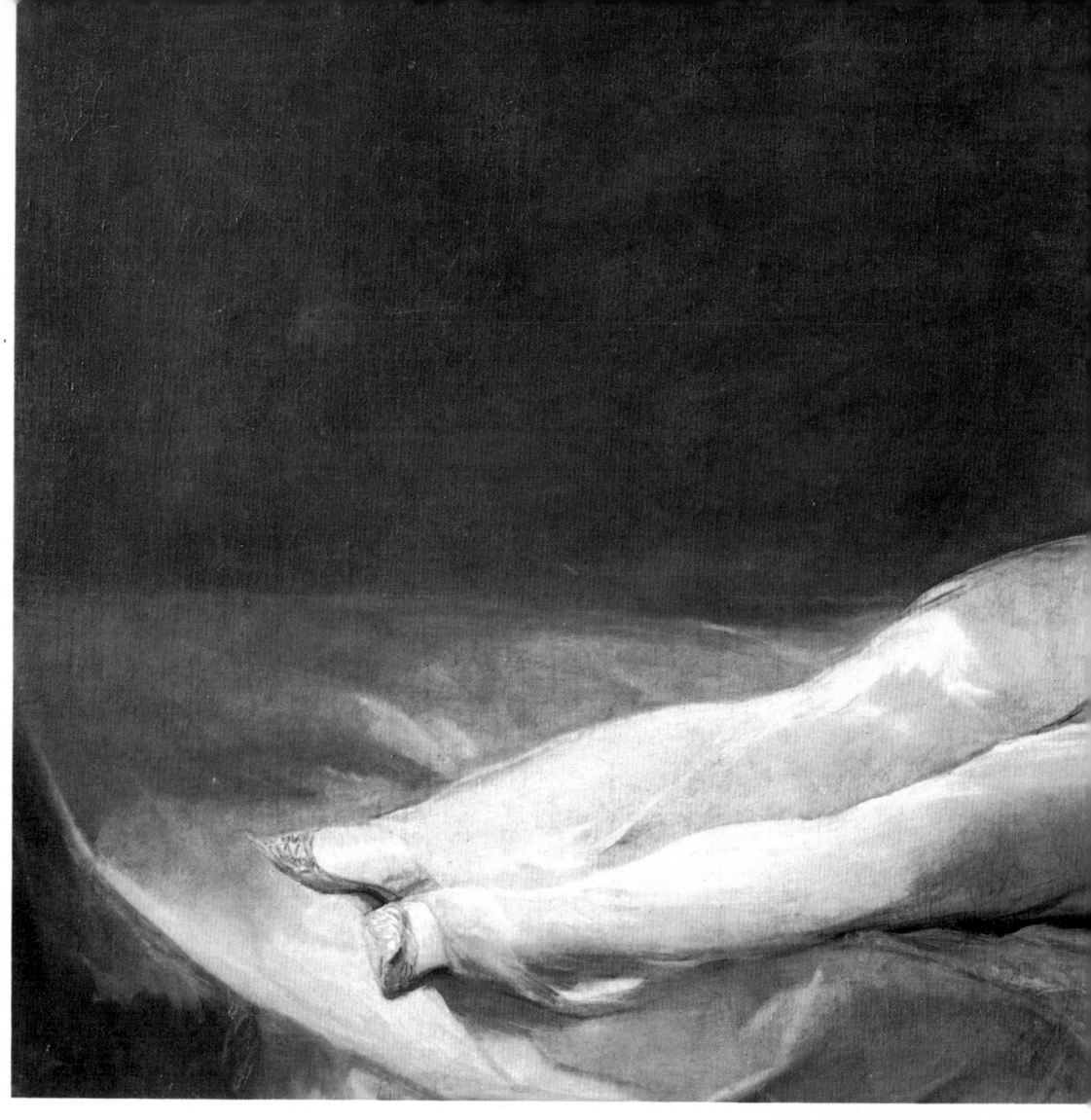

## LAS DOS MAJAS

Siempre que Goya ha tenido dificultades, un ángel bueno ha acudido a librarle de ellas. Cayetana, Duquesa de Alba, ha tomado bajo su protección al pintor y ha hecho lo imposible por allanarle los caminos, por estar al quite de las intrigas cortesanas de las que Goya ha estado a punto de ser víctima en varias ocasiones.

Cayetana es dieciséis años más joven que Goya, pero es poderosa y ha nacido dentro de una sociedad retorcida, difícil para la convivencia leal, complicada, caprichosa y, a menudo, cruel y despiadada. Ella conoce perfectamente los manejos de la Corte. Sabe de qué pie cojea cada miembro de ella, desde el último caballero a la mismísima reina María Luisa. Goya, en cambio, sigue siendo en el fondo el sencillo muchacho de Fuendetodos, un ser indefenso en medio de un mundo enrevesado y tortuoso. El sabe pintar. Lo sabe maravillosamente. No hay nadie que le iguale. Pero está

26

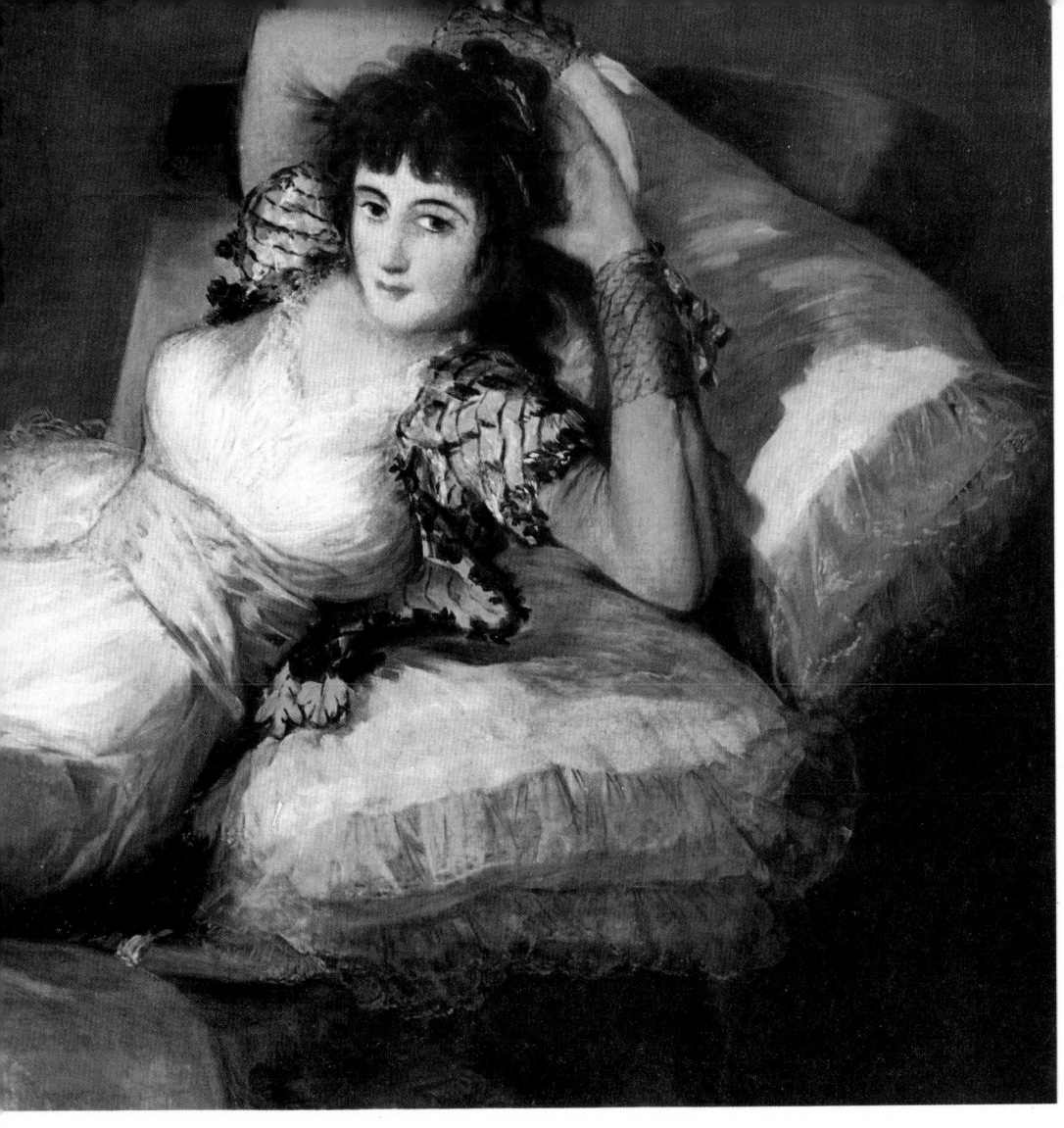

mal preparado para la vida cortesana de esta España en decadencia que ha sustituido los grandes problemas de la política en América y en Europa por minucias caseras del más bajo nivel, por enredos de palacio, por minúsculas escaramuzas que parecen salidas de aquellos apólogos orientales en los que se habla de las cortes risibles de unos pobres ratoncitos o de unas escandalosas ranas.

La relación entre Goya y la duquesa Cayetana dura años y es como una estrella luminosa en el corazón del pintor.

El fruto maravilloso y definitivo de esta amistad, de esta devoción entrañable, no podía ser otro mejor que la manifestación artística. Goya hace el retrato de la duquesa y, en la intimidad de su estudio, brotan dos de las joyas más grandes de la pintura universal: «La maja vestida» y «La maja desnuda».

Estamos en el año de 1800. Dos años más tarde, a los cuarenta de su edad, morirá esta hermosa mujer, Cayetana, Duquesa de Alba, luz, alegría y reposo de Francisco de Goya.

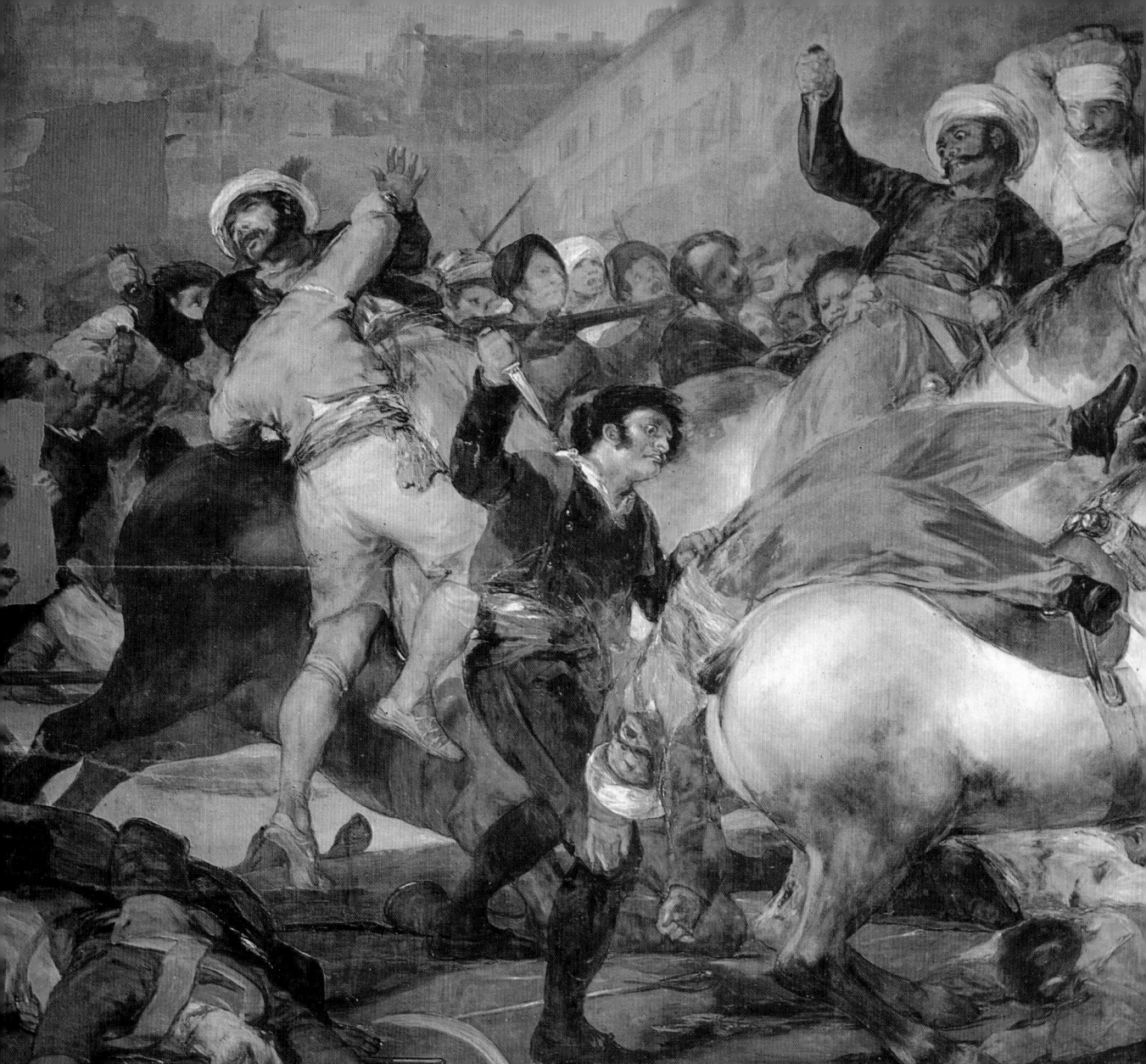

## LOS HORRORES DE LA GUERRA

El siglo XIX se inicia para España con un gran desastre: la invasión napoleónica. Cuando, al pasar los años, alguien pregunte por el motivo de unas ruinas, por la desaparición de unas obras de arte, por el expolio de un palacio, de una biblioteca, de una tumba famosa, de un archivo, le contestarán:

—«Ocurrió durante la Guerra de la Independencia.»

Y el pueblo exclamará con rencor:

—«¡Fue durante la francesada!»

De Gerona a La Coruña, de Cádiz a Bailén, los caminos de España se verán pateados alocadamente durante años por los

28

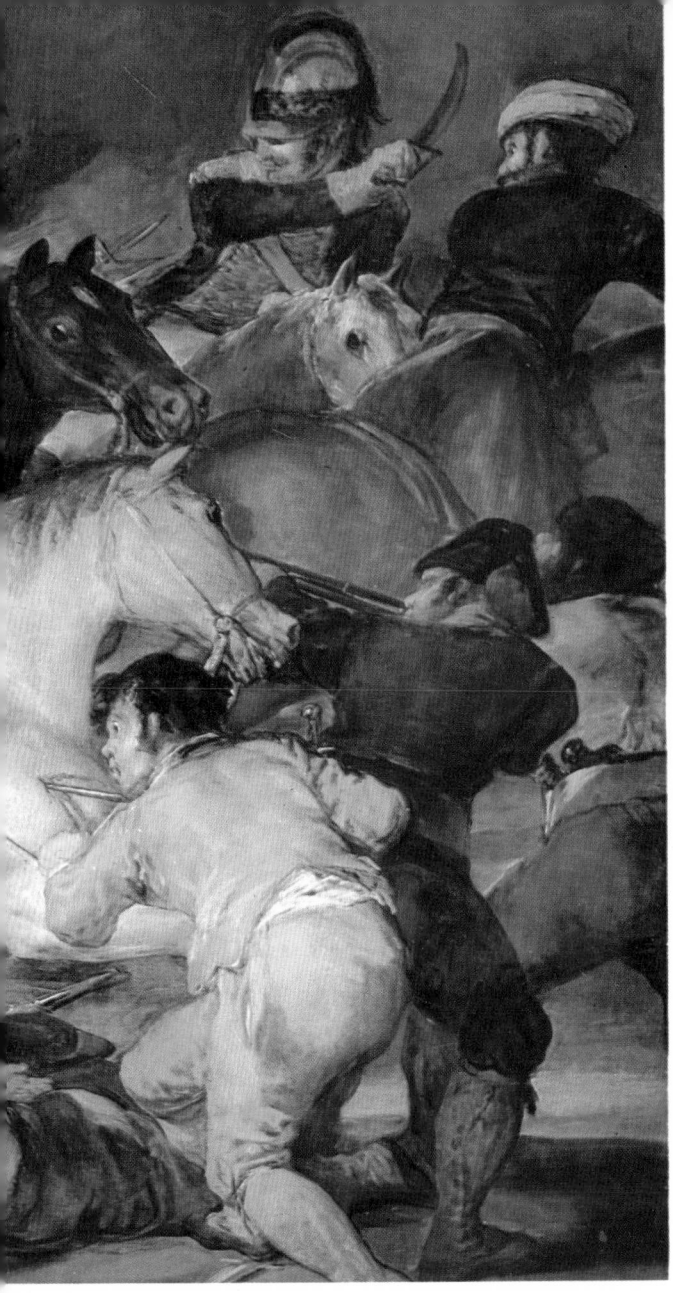

ejércitos y por las partidas. Ciudades enteras, como Zaragoza y Gerona, quedarán semidestruidas. Cientos de pueblos morirán arrasados. Millares de palacios y de iglesias serán saqueados e incendiados. Habrá cientos de miles de hombres mutilados o muertos por toda la geografía española.

Goya asiste a esta terrible conmoción con el alma en vilo, odiando al invasor, asqueado de ser testigo de una época sangrienta y brutal en la que los hombres se degüellan sin piedad, en que la vida no vale nada y es siempre menos que un soplo, menos que una hoja en el viento.

Han desaparecido de Madrid Carlos IV y su familia, esta familia que Goya pintara en uno de sus mejores retratos. Son juguete y víctima de un ave de presa: Napoleón Bonaparte, un águila voraz que se ha empeñado en ser Emperador de Europa.

Madrid queda a merced de los soldados extranjeros. Es mayo y los árboles de los jardines de palacio, los de la montaña del Príncipe Pío, las largas alamedas del Manzanares y los pinares de la Casa de Campo estrenan sus hojas y sus mejores aromas. Pero los hombres no ven la primavera. El 2 de mayo de 1808 el pueblo de Madrid se levanta contra el invasor. Hay una furia desesperada y sin diques posibles en el corazón de cada patriota. Se escapan solos los puñales y los cuchillos de las manos inquietas.

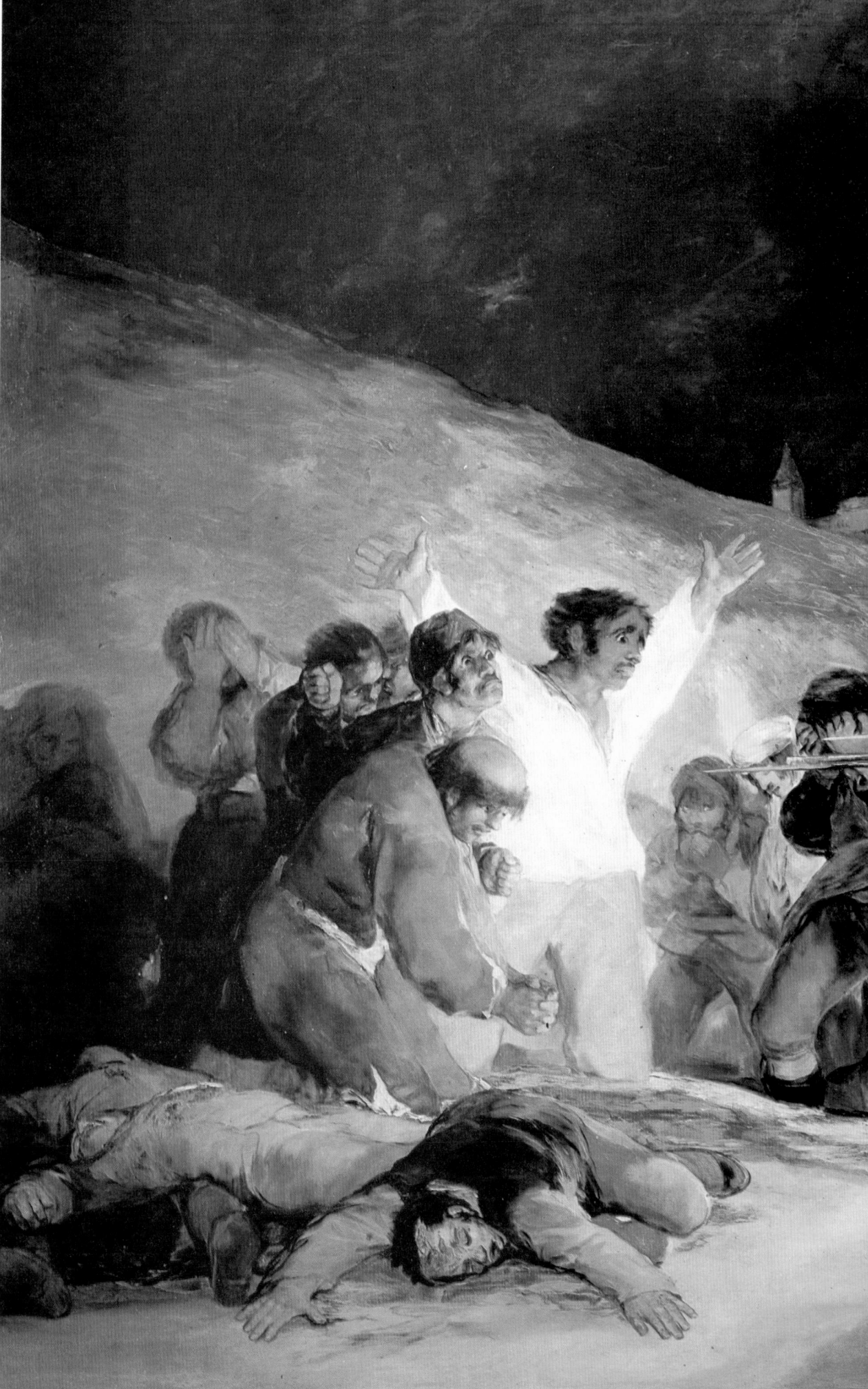

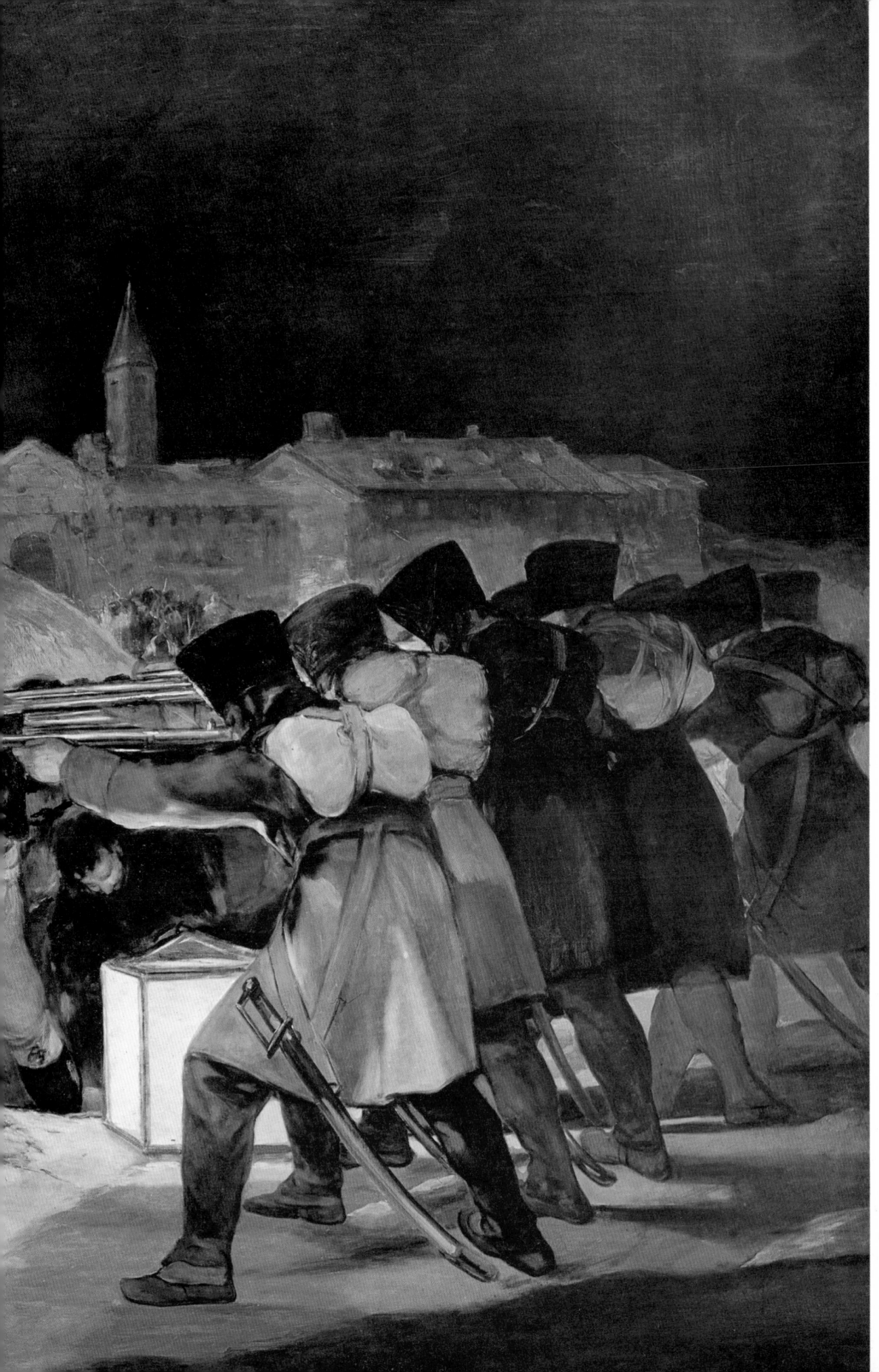

Se lucha a pedradas y a mordiscos por las callejuelas de la ciudad. La furia y el horror se esparcen por Madrid como un viento malo.

Por la noche, en las laderas del montículo del Príncipe Pío, las tropas de Napoleón asesinan a cientos de madrileños prisioneros, a la incierta luz de los faroles.

Desde su casa cercana, en la ribera del Manzanares, inquieto y febril, Goya ve los fusilamientos. Las figuras fantasmales de mártires y de verdugos bailan una danza macabra ante él. No lo olvidará nunca.

Cuando todo queda en calma, Goya y su criado Isidro se encaminan hacia la montaña. Goya está al borde de la locura. Su criado, a punto de morir de terror. El suelo está cubierto de cadáveres. Hay sangre por todas partes.

Durante muchos días, las caras desesperadas, los ojos desorbitados y fijos de los muertos, las manos crispadas, las bocas paradas en el último grito de horror, se entremezclarán en la imaginación del pintor y no permitirán que el sueño y la tranquilidad vuelvan a él. Luego, su indignación y su rabia se concretarán en una de sus obras definitivas: «Los fusilamientos». También en «La carga

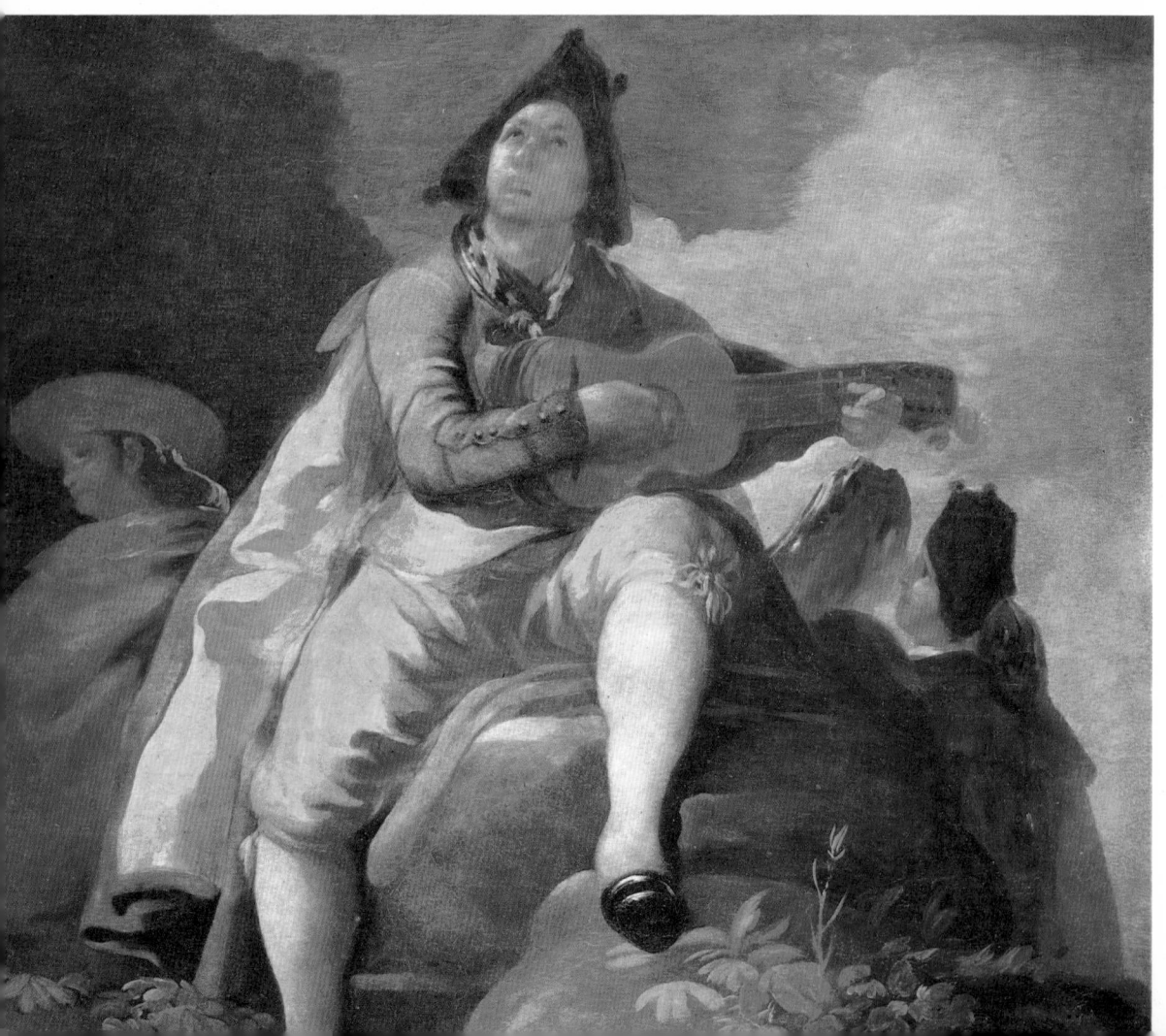

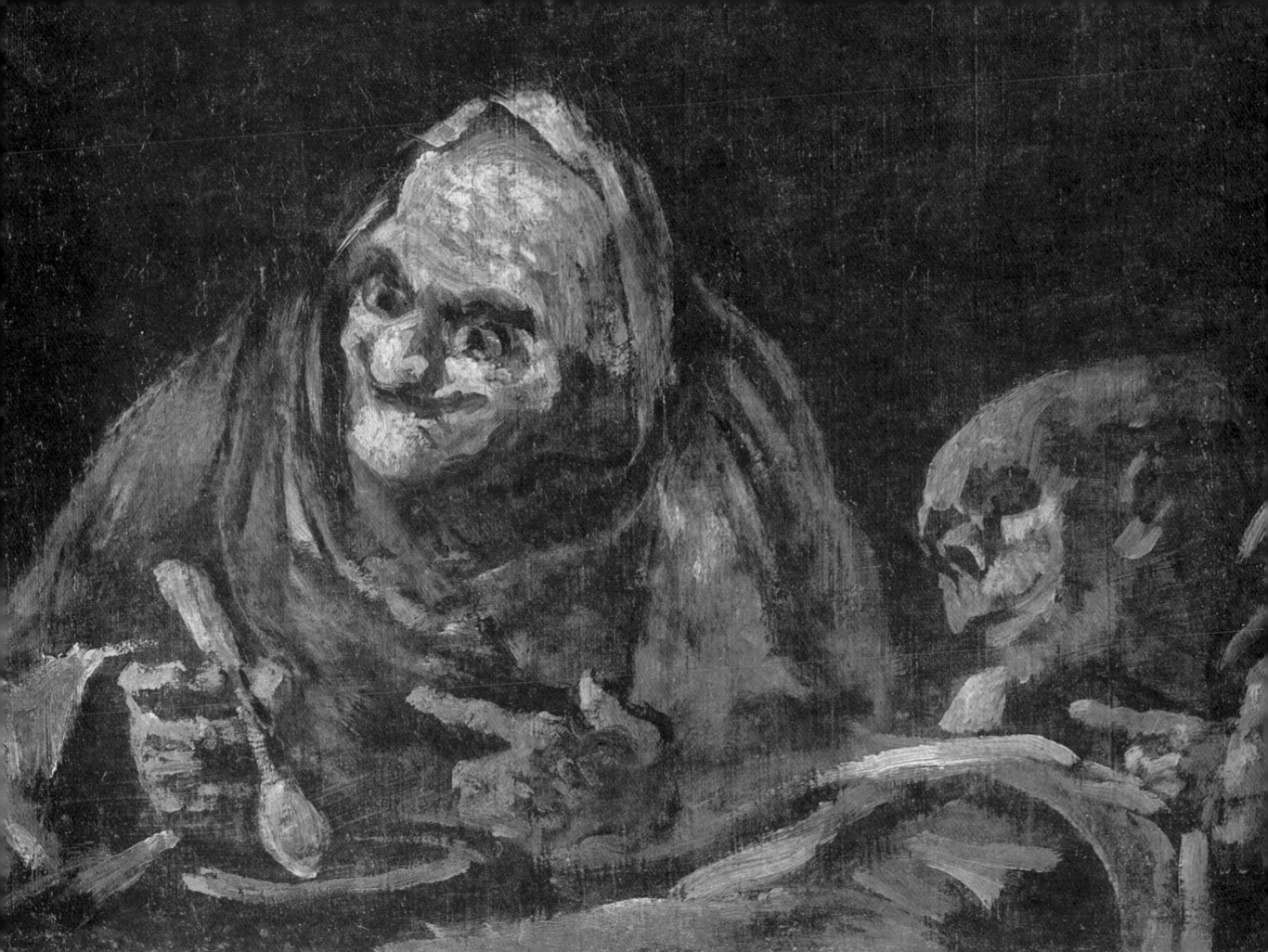

de los mamelucos en la Puerta del Sol» y en los grabados estremecedores que compondrán la colección de «Los horrores de la
guerra».

Contra los muros del Prado, el más importante museo de todos
los tiempos, quedará para siempre la protesta de Goya ante el
mundo entero por la crueldad y la barbarie del ejército invasor:
La fila apretada y ciega de soldados sin rostro, oscuros, tercos,
implacables; las bayonetas apuntando al corazón; la desesperación
y el odio, el estupor de los hombres del pueblo ante la injusticia
de morir acribillados a balazos por defender el propio suelo...

\*   \*   \*

Pasan los días y los meses y Goya sigue encerrado en su casa,
junto al río, en la «Quinta del Sordo», como le dicen todos. En
Madrid, se ha proclamado rey José I. «Pepe Botella» le llama el
pueblo. Es hermano de Napoleón y hace continuos esfuerzos por
parecer un buen gobernante, por conseguir que todo vuelva a
la normalidad en un país que le desprecia y le odia, un país que

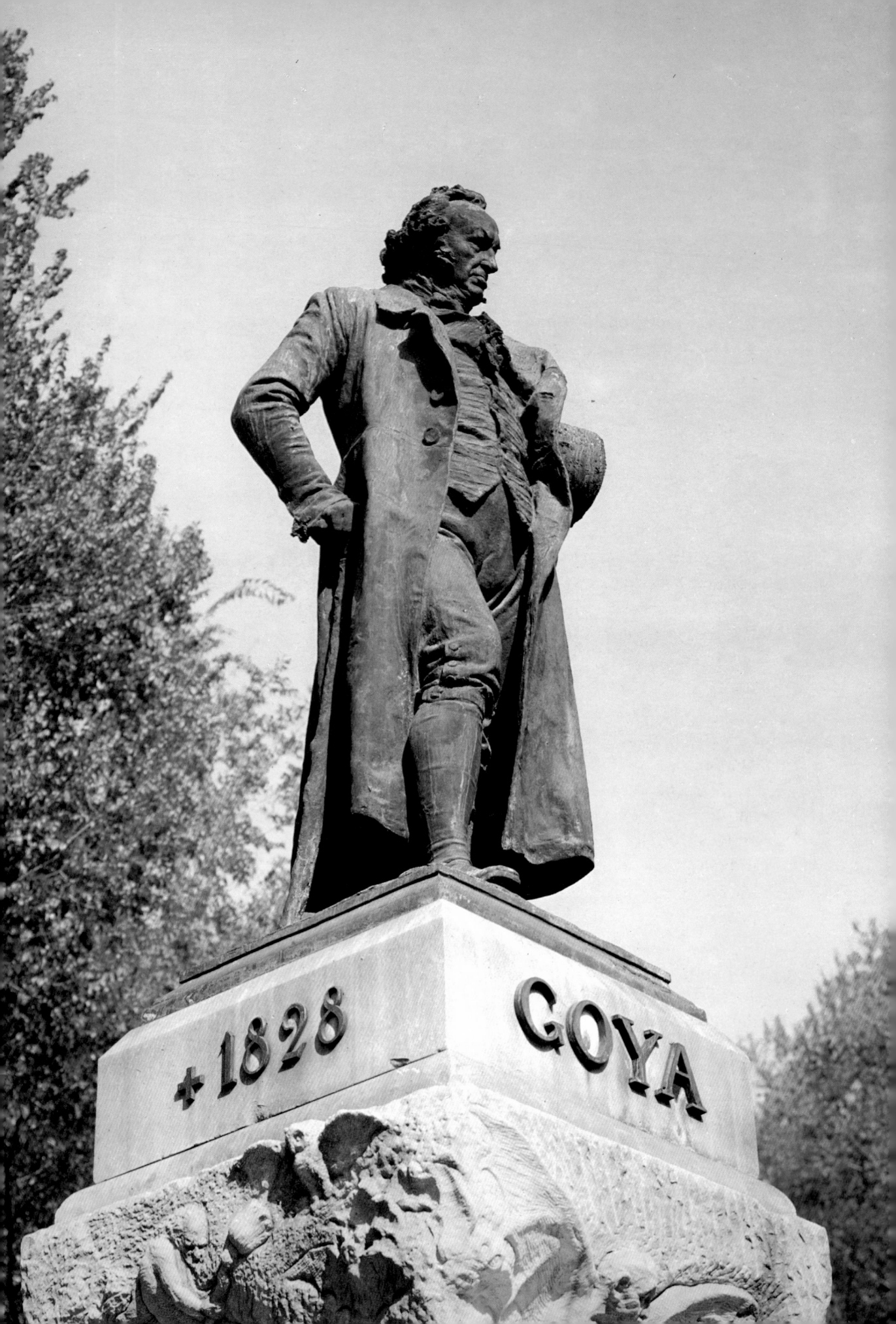

sigue luchando desesperadamente contra todo lo que él representa.

Un día, llega un encargo del rey intruso para el más grande de los pintores. Goya no sabe qué hacer. Al final, vence su amor a la pintura, al arte, y se olvida de que pueden pensar todos que está colaborando con el invasor. Cae un poco en el engaño y accede a realizar los encargos.

José Bonaparte es astuto y está bien aleccionado. Trata por todos los medios de comprometer a los intelectuales, a los artistas, a todas las personas cuya posición pueda ofrecer algún interés para su causa.

Sabe perfectamente que el pueblo es impenetrable a sus halagos y a sus promesas, que no puede comprender las doctrinas de la Revolución que vienen tras los ejércitos franceses, porque lo único que ve, con su total sentido realista e inmediato de la Historia, es que han invadido su casa y que están abusando de él.

Es posible que Carlos IV y Fernando VII sean unos reyes de muy poca altura, puede ser que estén llenos de defectos y de incompetencia; pero son sus reyes y por ellos son capaces de morir.

Por eso, José Bonaparte se vuelve hacia el grupo intelectual. Reparte cargos y prebendas. Hace lo imposible por conseguir la colaboración de las personas importantes. Les habla de un orden nuevo, de unas doctrinas por las que se va a gobernar el mundo en adelante. Les hace ver cómo la monarquía tradicional que les ha regido está desfasada, fuera de juego en la Europa del momento...

Muchos dudan. La estrella de Napoleón está en su cenit. Europa entera hace lo que Francia ordena. Nadie sabe nada concreto sobre los reyes legítimos del país. Y cuando llega alguna noticia, sería mejor que no hubiera llegado nunca. Son siempre absurdas luchas de familia, pequeñas y mezquinas indignidades, problemas sin talla.

Todo hace que sea muy fácil para algunos pactar con el invasor. Por eso, Goya acaba poniendo su arte un poco a las órdenes de José I. Es un mal paso y el pueblo no se lo perdonará. En las calles del viejo Madrid, en los desmontes de los alrededores, en las iglesias, en los patios de los cuarteles, aún hay sangre de los patriotas asesinados por defender a su país. ¡No se puede colaborar con el invasor! ¡Con ningún invasor!

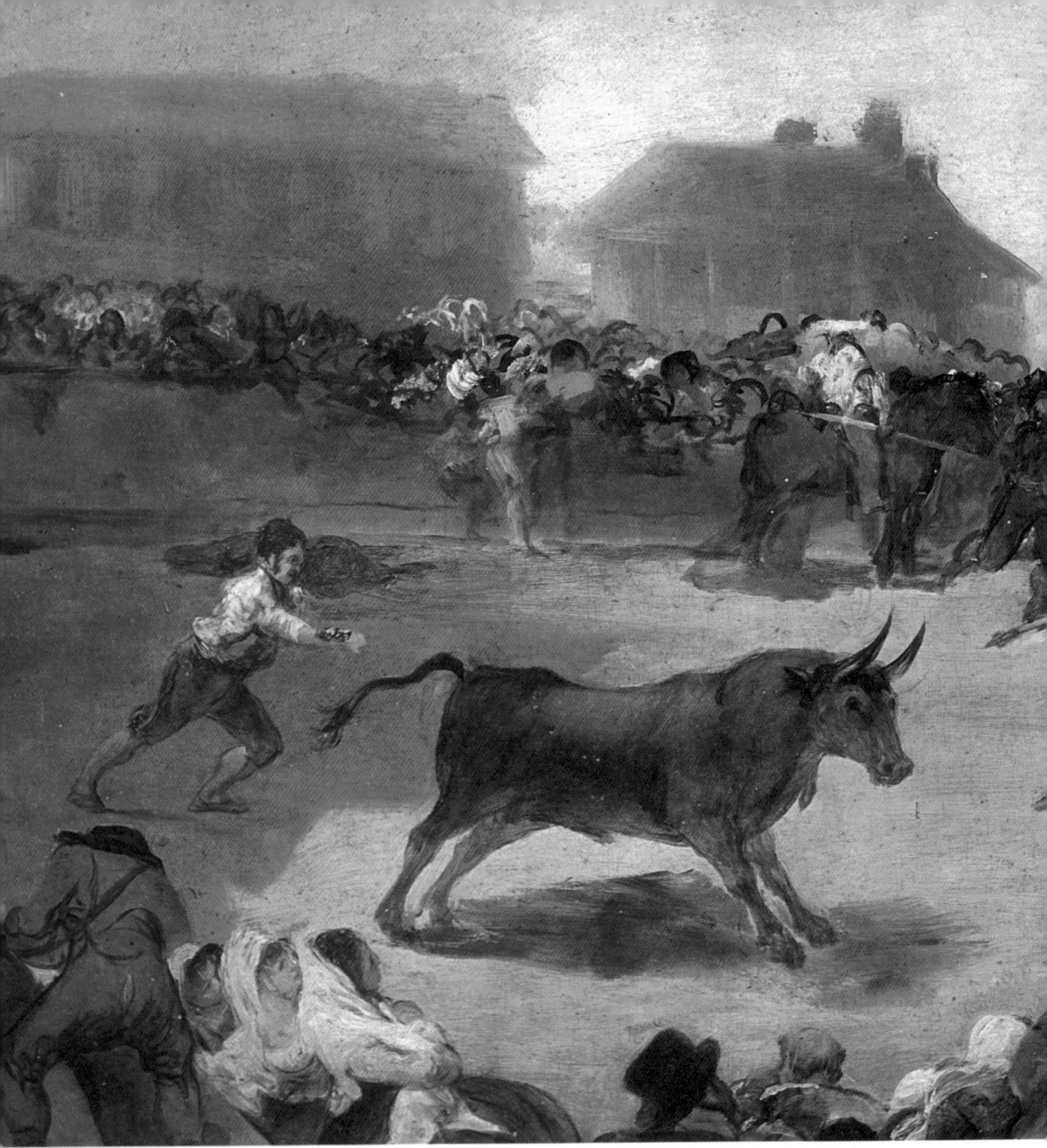

## LA TAUROMAQUIA

Por estos años de la Guerra de la Independencia, inicia Goya una de las más valiosas colecciones de grabados que saldría de sus manos: «La Tauromaquia». En la fuerza y en el apasionamiento de este pueblo duro, áspero y noble, a menudo terrible, encuentra

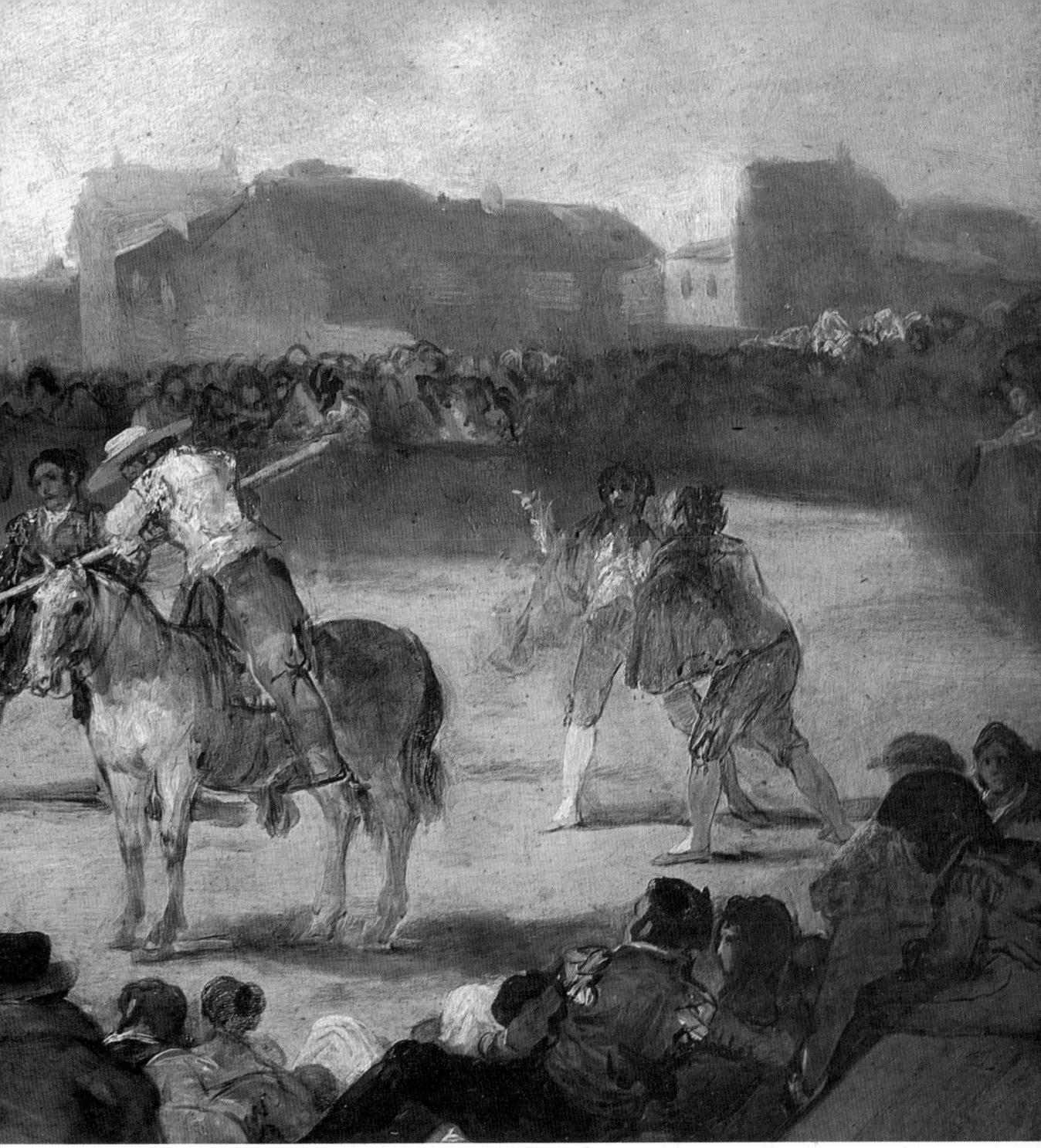

Goya su mejor inspiración. Siente que aquí, la vida entera parece movida hacia el riesgo y la lucha. Hasta en la manera de divertirse, buscan las gentes de España el peligro y la violencia...

El pintor asiste a las corridas de toros. Es amigo de los grandes maestros de la época. Retrata prodigiosamente al vasco «Martincho», banderilleando y matando; al gran «Pepe Hillo», a «Pedro

Romero», a «Redón», el picador muerto en la plaza corneado por un toro; a Manolo Zeballos, el famoso «Indio», capaz de poner rejones a un toro montado sobre la grupa de otro...

Goya se siente apasionado por este juego trágico de la lidia, por el movimiento de las figuras que toman parte en ella, por el picador que se vuelca en la suerte y por el banderillero que hace un quiebro a cuerpo limpio y por el torero que compone con majeza su figura ante el roce frío de los cuernos de la muerte.

Esta danza inquieta y peligrosa, graciosa y pinturera a la vez, del juego de los toros, admira y atrae al pintor. No es el retrato, para el que posan, acartonadas e inmóviles, unas personas que parecen figuras sacadas de un museo de cera. Ahora es el movimiento brusco y rapidísimo que hay que captar con un trazo definitivo y certero del lápiz sobre el papel que espera. Es el gesto

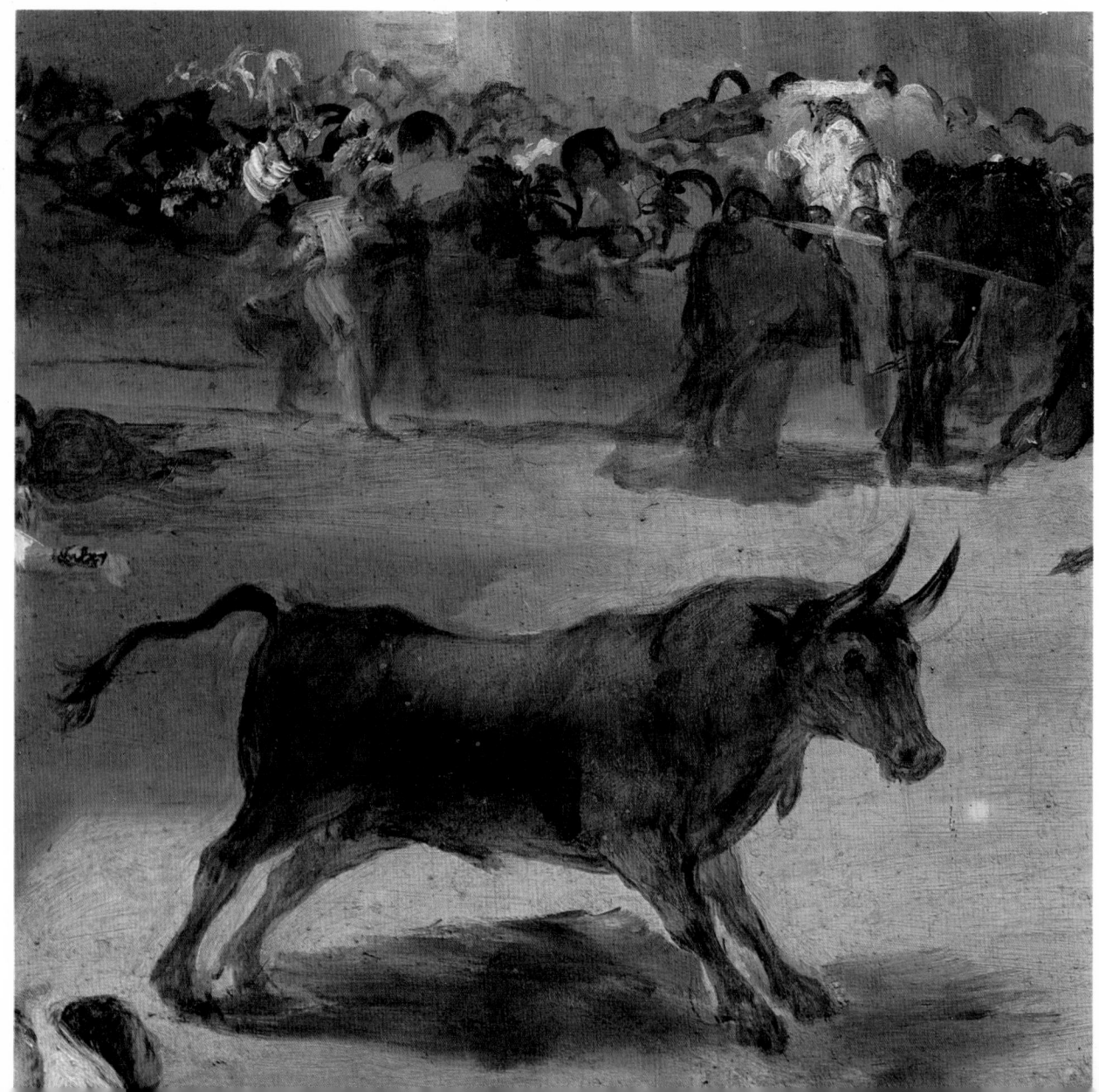

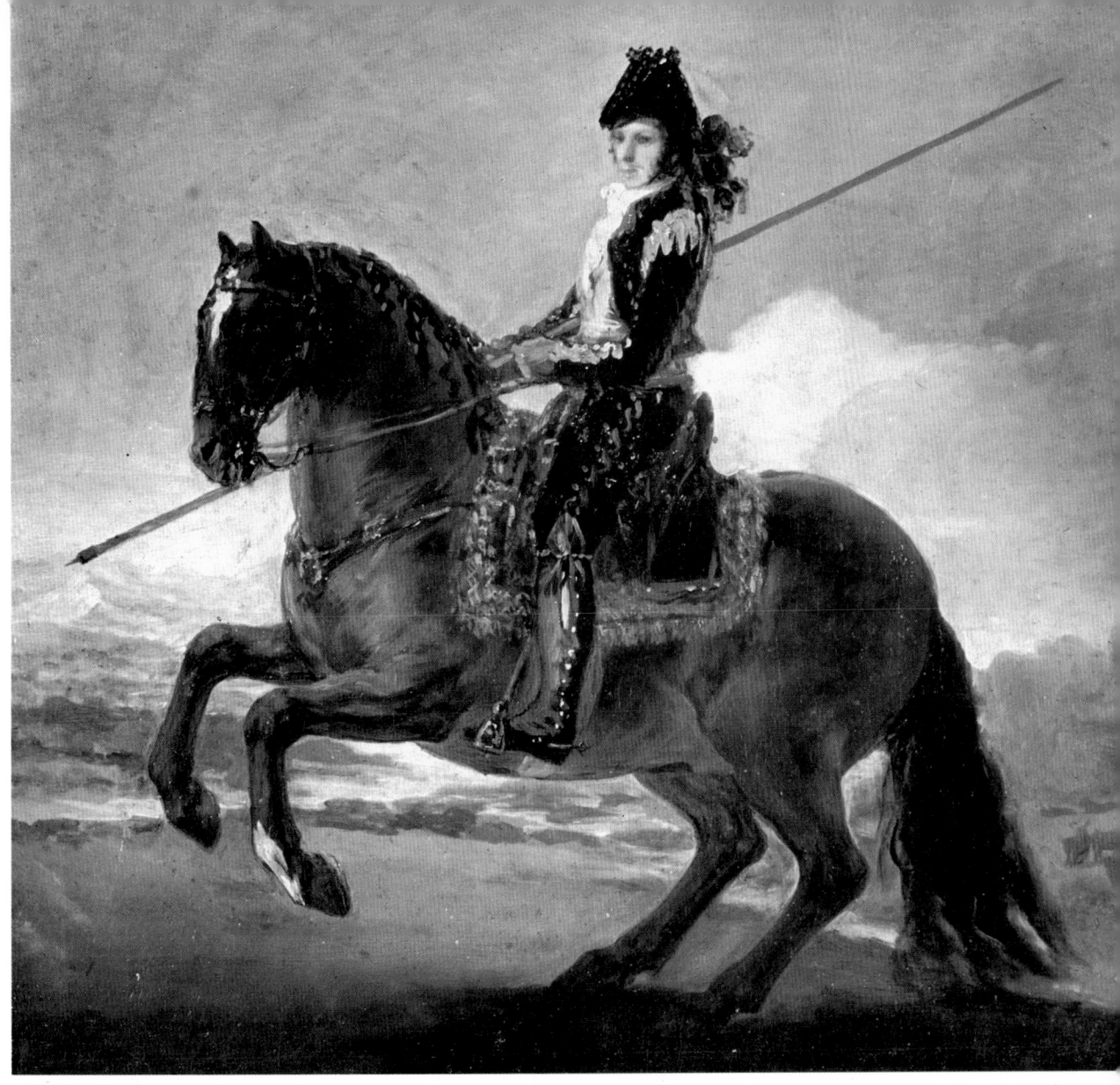

apasionado de las gentes que contemplan el trágico espectáculo, la fiera y a veces resignada expresión de los animales que toman parte en el juego de la muerte: del toro, desesperado y ciego, siempre víctima del hombre; de los caballos indefensos y como lejanos ante la bestial acometida de unos y de otros; de los perros furiosos que en la época de Goya echaban al ruedo y que contribuían a que el «festejo» se conviertiera en un infierno de violencia y de sangre.

Todo este mundo terrible y cruel, vociferante y excitado, de los toros, es captado fielmente por el lápiz milagroso del artista. A veces, como en el salto de la garrocha, las escenas se hacen ágiles y elegantes. Otras veces, son de una brutalidad excesiva, como aquella del toro que después de saltar a las gradas del tendido, levanta, atravesado por los agudos cuernos, al alcalde de Torrejón.

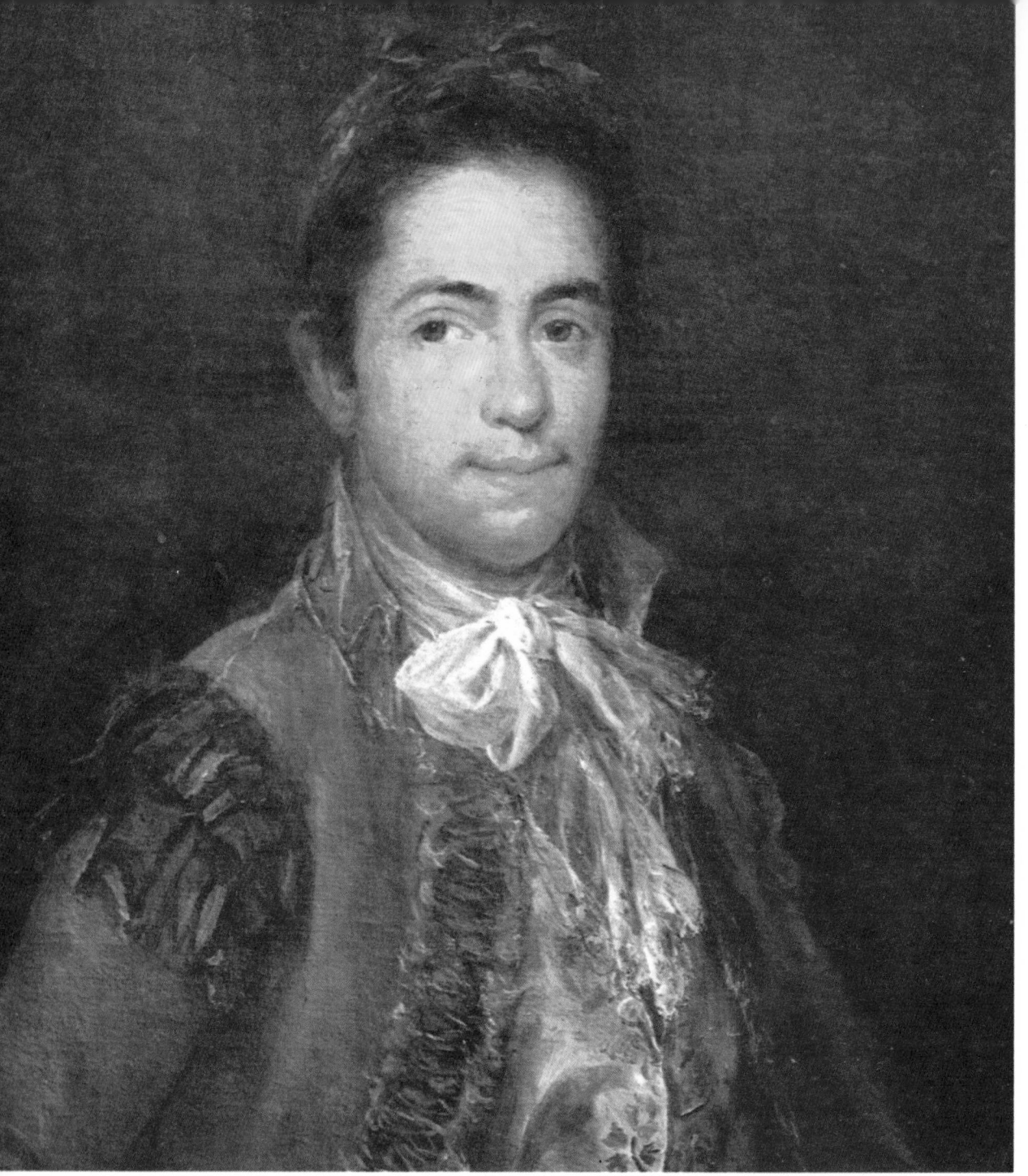

Son innumerables los apuntes de Goya sobre la fiesta de los toros. Era un apasionado de ella. La vivía intensamente en todas sus dimensiones, no sólo en lo que se refiere a la lidia, sino también en el espectáculo que ofrecía el público de entonces, al que retrató en muchos de sus grabados.

Parecía no cansarse nunca del tema, que era inagotable para él, pues pensaba que los lances, los gestos de los personajes, la actitud de la gente en la plaza, ofrecían unas posibilidades de movimiento y de pasión que no tenían fin.

Los largos años de guerra y de intranquilidad han agotado la capacidad de resistencia de toda Europa. Han acabado todos por unirse contra Napoleón. Los ejércitos franceses se han ido desangrando en la interminable lucha de España y en el tremendo desastre de la campaña de Rusia. Bonaparte da a sus generales la orden de volver a casa, de replegarse hacia las fronteras de su país.

Pero ya no hay remedio. Las águilas están agotadas y vencidas. Un sueño ambicioso termina. Waterloo llega. Es el mes de junio de 1815. Sobre los campos floridos de Bélgica, quedan rotas para siempre las vanas ilusiones de Napoleón.

Fernando VII había vuelto a España, como rey, en 1814, cuando las tropas francesas iban abandonando las tierras conquistadas. El país está deshecho. La economía, destrozada. Todo está en desorden y en abandono total.

Goya sigue dibujando y grabando escenas de «Los desastres de la Guerra», y de «La Tauromaquia». En ese año de 1814, hace

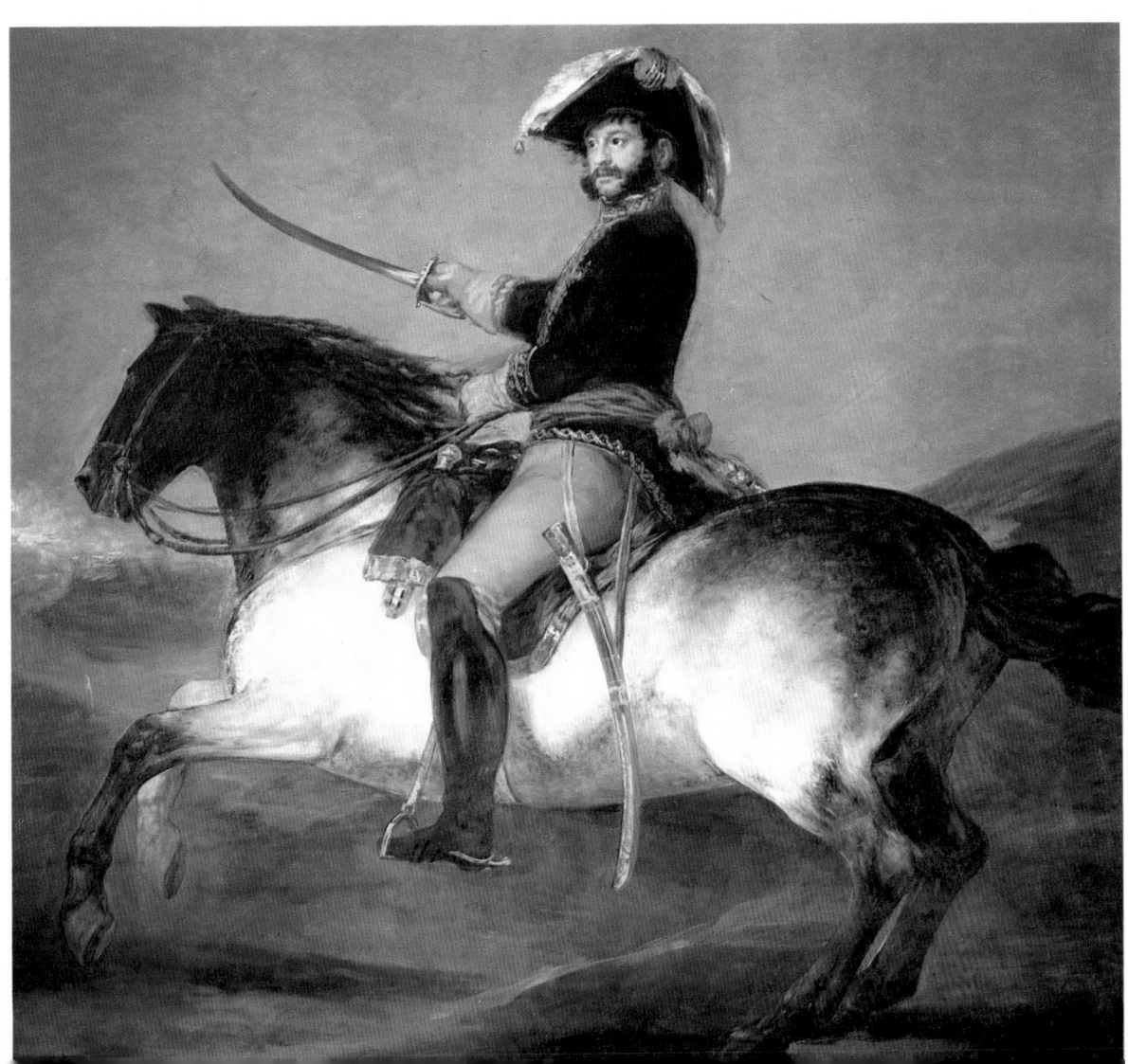

el retrato de Palafox, el heroico defensor de Zaragoza, la mártir. Pinta varias veces al rey Fernando VII y vuelca en los retratos su antipatía por él. El rey tampoco estima a Goya y la vida en la Corte se va haciendo para éste cada vez más insoportable.

Goya es un espíritu selecto, un hombre que ha aprendido a calar en la sociedad y en la vida. Además, tiene ya setenta años y está de vuelta de casi todo.

En lo hondo de su corazón, piensa que este rey está defraudando las esperanzas que el pueblo pusiera en él y que acaso no hubiese merecido la pena tanta acumulación de desastres y de muertes para no haber avanzado lo más mínimo desde los tiempos de Carlos III...

La tragedia tremenda de los intelectuales de la época de Goya fue que, sintiéndose españoles hasta lo más profundo de su ser, repelían y odiaban al invasor de su patria, pero estaban, a la vez, de acuerdo con muchas de las ideas que ese invasor representaba. En ellas, veían la única salvación posible para el país, la única forma de no quedarse atrás en una Europa que caminaba por nuevos rumbos, tan distintos de los que una Corte incompetente, anticuada y ciega se empeñaba en volver a seguir. Se daban perfecta cuenta de que la nación hacía muchos años que estaba moviéndose en círculo, repitiendo siempre, tercamente, el mismo camino, sin avanzar ni un palmo.

Por si fuera poco, hay gentes del pueblo que tachan a Goya de traidor. En las tapias de su quinta, aparecen rótulos insultantes. Alguien le ha gritado a la cara: «¡Afrancesado!»; y él lo ha sentido como una pedrada.

Quisiera seguir pintando cuadros como los que acaba de terminar: «La última comunión de San José de Calasanz», «La Oración del huerto», los retratos de «Ramón Satué» y de «Tiburcio Pérez», los tremendos grabados de «Los Disparates», las pinturas demoníacas de las paredes de la «Quinta del Sordo»... Pero ya es demasiado. No resiste más. Lo negro se ha ido apoderando de él. Su paleta se reduce y parece que los colores que significan la alegría han huido para siempre de ella. ¡Qué lejos los días cálidos y luminosos, llenos de optimismo y de amor, de su amistad entrañable con Cayetana, la duquesa! Ahora sólo hay negros, grises y tierras en su pintura, sólo decepción, amargura y tristeza en su alma.

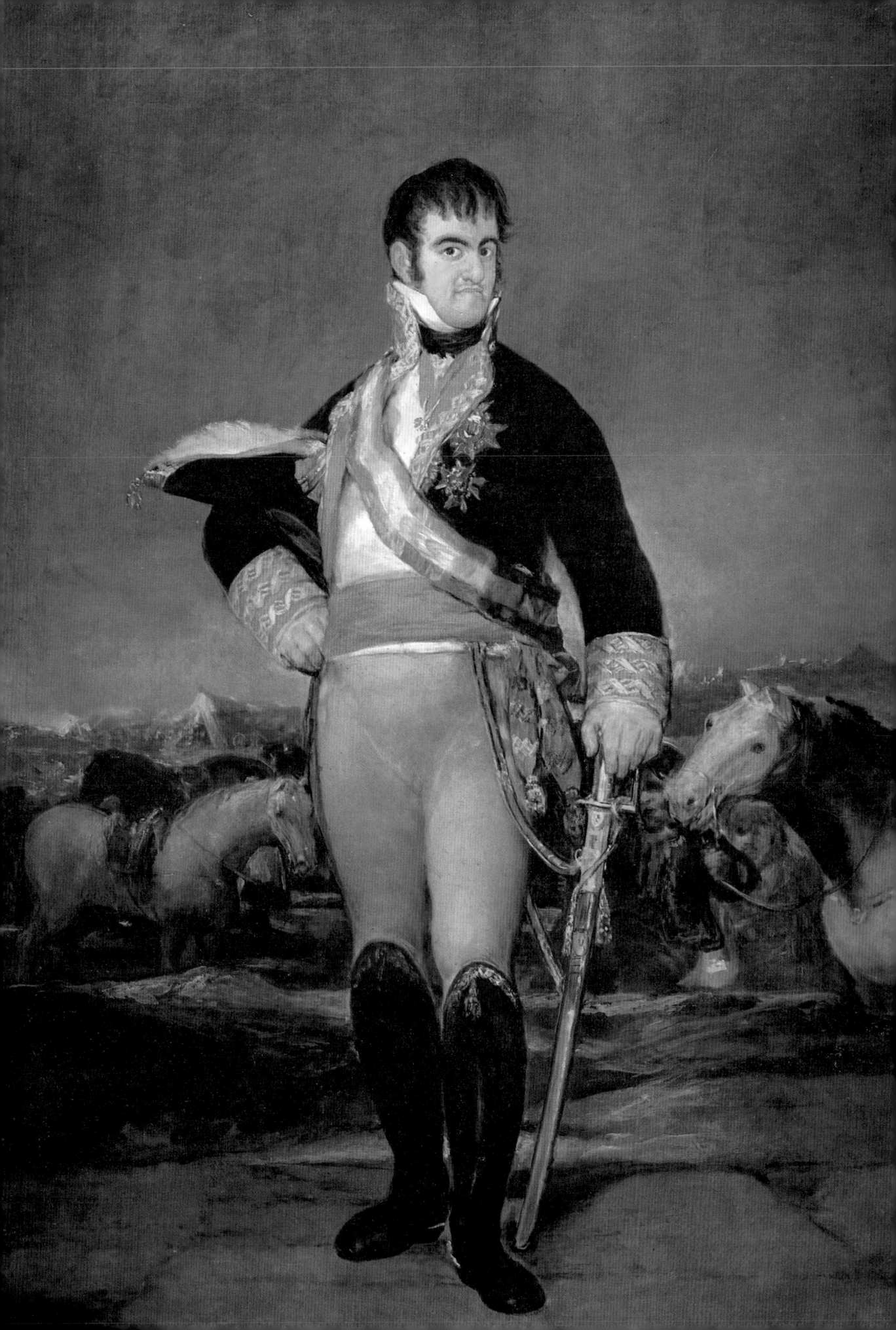

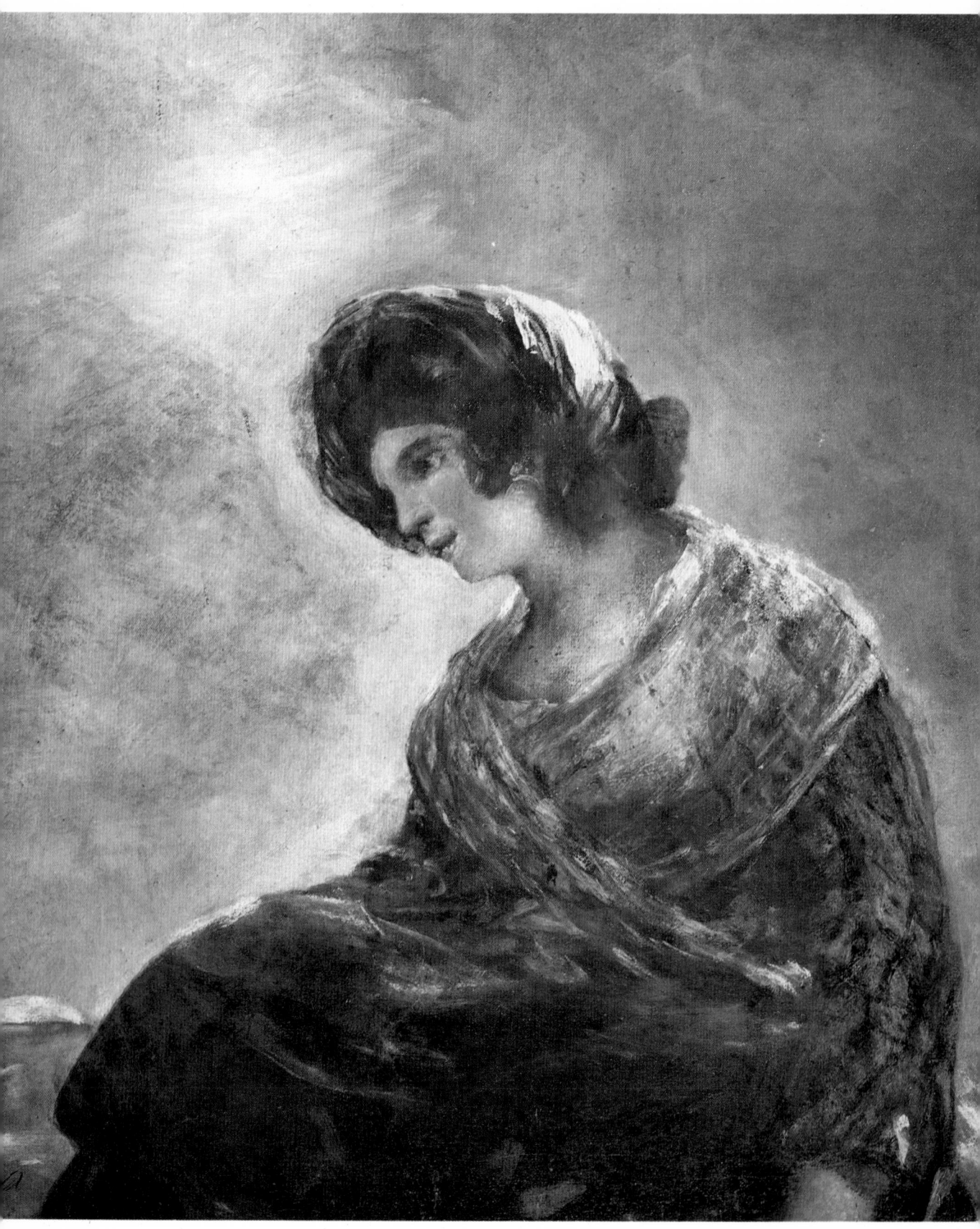

Goya siente que se asfixia en este ambiente del Madrid de Fernando VII y un día toma la decisión extrema: ¡escapar! Según dice a todos, sólo va a hacer una cura de aguas. Pero, en realidad, es un exilio voluntario, casi una fuga.

Hay algo muy fuerte que le empuja a huir. Tiene setenta y tantos años y su salud no es buena. Por fuerza ha de sentir una imperiosa necesidad de liberación para emprender esta aventura...

Cuando, al partir, se queda mirando el cielo de Madrid, sus cansados ojos de anciano se llenan de ternura y de lágrimas. Porque él ama entrañablemente esta tierra, donde se ha logrado en el arte y en la vida; y adora esta ciudad en la que ha vivido casi durante cincuenta años, donde ha sufrido y amado, donde ha conseguido la plenitud de su arte y el más alto y valioso de los triunfos humanos.

\* \* \*

Tras largo y fatigoso viaje, Goya cruza la frontera con Francia. Burdeos es la ciudad en la que fija su residencia. Allí vive tranquilo durante varios años, al lado de buenos amigos franceses y españoles, trabajando sin descanso, porque, para él, el arte sigue siendo la vida y ha de pintar hasta que la muerte llegue.

De esta época son los excelentes retratos de sus amigos Juan Muguiro, el doctor Del Río, el viejo Don José-Pío de Molina. El retrato de éste es la última obra que sale de las manos, ya lentas y cansadas, del artista.

Poco después, en una madrugada de abril, acaba Goya sus días. Es la primavera de 1828. Ha cumplido ochenta y dos años y muere lejos de la patria, en una tierra extraña.

Los libros infantiles y juveniles Everest se articulan en cuatro secci
nes (izquierda), cada una de las cuales se divide en cuatro series (d
recha), que a su vez pueden adaptarse a tres distintos niveles de ed
(abajo, derecha).
Todo libro Infantil y Juvenil Everest llevará un conjunto de tres símb

# SECCIONES

## LIBROS PARA LEER

Desarrollo de la expresión lingüística
Lecturas infantiles: cuentos, leyendas...
Literatura, en general.

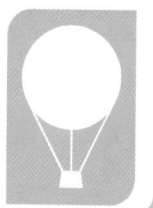

## LIBROS PARA DESCUBRIR Y COMPRENDER

La Tierra; geografía, geología, ecología,
viajes, descubrimientos...
El universo y su exploración.
Los avances de la Ciencia y la Técnica.

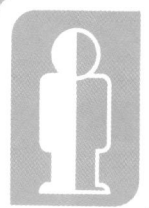

## LIBROS PARA PARTICIPAR Y COMPROMETERSE

El Hombre y la Sociedad.
Las actividades del hombre. Profesiones
y oficios.
El hombre y los demás: construcción
de un mundo nuevo

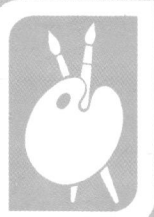

## LIBROS PARA HACER
## Y EXPRESARSE

Expresión plástica.
Expresión dinámica.
Tiempo libre: deportes, juegos, hobbies...

# LIBROS PARA CONSULTAR

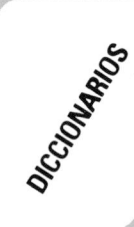

DICCIONARIOS

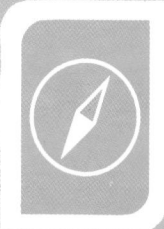

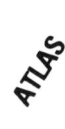

ATLAS

ENCICLOPEDIAS

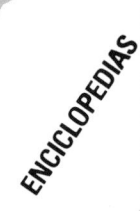

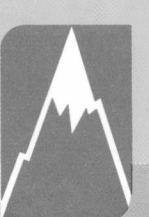

# LIBROS INFAN
# EVE